MICE 会展策划与管理专业系列教材

专家指导委员会主任/韩玉灵 总主编/康年

U0795917

# 会展策划

瞿立新 张岩岩◎主编

郑晓星 郑伟 程致远◎副主编

数字资源总码

◆推进校企“双元”合作开发

◆瞄准行业数字化发展趋势

◆匹配专业教学标准核心课程

◆贯穿国际通行活动管理理念

◆引领职业教材形式创新需求

旅游教育出版社

·北京·

**图书在版编目（CIP）数据**

会展策划 / 瞿立新，张岩岩主编. -- 北京 : 旅游教育出版社，2025. 8. --（会展策划与管理专业系列教材）. -- ISBN 978-7-5637-4797-9

Ⅰ. G245

中国国家版本馆 CIP 数据核字第 2025U5T792 号

会展策划与管理专业系列教材

**会展策划**

瞿立新　张岩岩　主编

郑晓星　郑伟　程致远　副主编



| | |
|---|---|
| 总　策　划 | 丁海秀 |
| 执行策划 | 赖春梅 |
| 责任编辑 | 赖春梅 |
| 出版单位 | 旅游教育出版社 |
| 地　　址 | 北京市朝阳区定福庄南里 1 号 |
| 邮　　编 | 100024 |
| 发行电话 | （010）65778403　65728372　65767462（传真） |
| 本社网址 | www.tepcb.com |
| E - mail | tepfx@163.com |
| 排版单位 | 北京鸿文瀚海有限公司 |
| 印刷单位 | 天津雅泽印刷有限公司 |
| 经销单位 | 新华书店 |
| 开　　本 | 710 毫米 ×1000 毫米　1/16 |
| 印　　张 | 13.75 |
| 字　　数 | 202 千字 |
| 版　　次 | 2025 年 8 月第 1 版 |
| 印　　次 | 2025 年 8 月第 1 次印刷 |
| 定　　价 | 59.80 元 |

（图书如有装订差错请与发行部联系）

# 会展策划与管理专业系列教材
# 专家指导委员会、编委会

## 专家指导委员会

**主　任：**

韩玉灵（北京第二外国语学院教授，曾担任教育部全国旅游职业教育教学指导委员会秘书长）

**副主任：**

杜兰晓（浙江旅游职业学院校长、教授，中国职业技术教育学会智慧文旅职业教育专业委员会执行主任）

瞿立新（无锡城市职业学院校长、教授，全国旅游职业教育教学指导委员会会展专业类专业委员会副主任委员）

丁海秀（中国职业技术教育学会智慧文旅职业教育专业委员会副秘书长，旅游教育出版社副社长）

## 编委会

**总主编：**

康　年（上海师范大学副校长、上海旅游高等专科学校校长，全国旅游职业教育教学指导委员会会展专业类专业委员会主任委员）

**执行总主编：**

宋　波（上海师范大学教授，上海旅游高等专科学校旅游研究院常务副院长，全国旅游职业教育教学指导委员会会展专业类专业委员会秘书长）

**编委（排名以姓名拼音为序）：**

安小霞　仓　俊　陈　超　陈　萍　陈　姝　陈彬彬　陈翊霖

程致远　褚玉静　丁　旭　段玉敏　葛　菲　宫　博　关庆飞

哈丽旦·巴克　韩　健　郝俊谦　洪伟鑫　黄可筠　贾巧云

蒋天駸　雷　敏　李　健　李　杨　李荣艳　李小蓉　李悦玫

林海榕　刘　硕　刘　文　刘　臻　刘馥馨　刘森晶　罗绮琦

彭慧翔　钱红阳　任子荣　宋慧娟　孙景然　唐新安　田明舸

田志武　万　涛　王　菱　王琳艳　王姗姗　邬　燕　吴　锋

吴杰楠　吴舒姗　武　君　向　军　谢予馨　徐敏钰　徐若然

徐永君　闫　敏　杨　洁　杨　欣　杨　正　姚　歆　叶大海

余音梅　袁　丽　张　磊　张　素　张　媛　张慧娟　张立英

张素霞　张岩岩　张颖真　张芝敏　赵　建　赵慧娟　赵中华

郑　伟　郑晓星　钟梦婷　周春旺

# 《会展策划》编委会

**主　编：**

瞿立新　无锡城市职业技术学院

张岩岩　无锡城市职业技术学院

**副主编：**

郑晓星　福州职业技术学院

郑　伟　无锡城市职业技术学院

程致远　南京旅游职业学院

**编　委：**

武　君　北京优联信驰信息科技有限公司

徐敏钰　无锡太湖国际会展集团有限公司

万　涛　上海八彦图信息科技有限公司（31会议）

陈　霞　无锡城市职业技术学院

刘　臻　湖北轻工职业技术学院

张　素　浙江旅游职业学院

刘　硕　辽宁省交通高等专科学校

陈　超　青岛酒店管理职业技术学院

# 总序 PREFACE

会展业以多维度、深层次的经济与社会功能，不仅为现代服务业的发展注入了强劲动力，更在推动城市经济繁荣、促进全球经济一体化等方面扮演着举足轻重的角色。近年来，全球会展业步入了持续且高速发展的轨道，其市场规模以前所未有的速度扩张，到2028年，全球会展活动市场规模将达到15 529亿美元（ResearchAndMarkets.com）。国内会展业更是迎来了蓬勃发展的春天，市场规模连年攀升，已跃升为全球会展版图中不可忽视的重要力量。从被誉为“中国第一展”的中国进出口商品交易会（广交会），到世界上首个以进口为主题的中国国际进口博览会（进博会）等国家级展会，均具有高度的国际影响力和重要性，它们不仅促进了国内外经济交流与合作，更展示了国家的发展成就和未来趋势。2023年，国内会展经济的直接产值约为5820.6亿元，全国线下展览总数为7852个，展览总面积为14 345万平方米，展览城市由2011年的83个增至197个（《中国展览数据统计报告》）。

伴随着经济社会和数字技术的发展，会展行业发展不断升级，对相关人才培养提出了新的要求。自2018年起，上海旅游高等专科学校作为牵头单位，顺利完成了教育部和全国旅游职业教育教学指导委员会委托的《会展行业人才需求与职业院校专业设置指导报告》《高职会展策划与管理专业教学标准修订》等工作，准确分析把握会展行业人才需求与会展专业人才培养的匹配性。为适应会展行业优化升级需要，本系列教材对接会展产业数字化、网络化、智能化发展新趋势，对接新产业、新业态、新模式下的会议、展览、节庆、会奖旅游等职业群的新要求，满足会展行业高质量发展对高素质技术技能人才的需求，推动职业教育专业升级和数字化改造，提高人才培养质量，遵循推进现代职业教育高质量发展的总体要求。

2023年底，经过前期与旅游教育出版社的沟通酝酿，上海旅游高等专科学校牵头，组织了“会展策划与管理专业系列教材”核心课程设置暨系列教材编写研讨会，联合浙江旅游职业学院、无锡城市职业技术学院、成都职业技术学院等院校共同组成本系列教材牵头编撰团队，确定了《会展概论》《会展策划》《会展项目管理》《会展营销》《会展沟通与商务礼仪》《会展展示设计与搭建》《会展文案写作》《会展财务管理》《会展运营与执行管理》《会展数字化应用》整套10本教材。本套教材面向会展行业着力培养具有会展策划能力、营销能力、运营能力和服务能力等素养的高素质服务型人才，注重培育学生的创新精神和实践能力，使学生既能够熟悉会展的相关政策和理论知识，又能从事会展企业经营管理和服务运作等方面的工作。

本套教材主要特点体现在：一是匹配专业核心课程体系。系列教材与高职会展策划与管理专业核心课程高度匹配，可直接服务专业核心课程建设与教学。二是贯穿活动管理理念和过程。系列教材贯穿活动管理理念，教材内容和主题，与会展活动管理（Event Management）知识框架保持一致。三是瞄准行业数字化发展趋势。系列教材对接新兴职业岗位需求，满足数字化服务技能的需要，结合数字化新技术应用，助力会展新业态发展。四是迎合职业教材形式创新需求。推行项目—任务结构式教材，并配套开发数字化资源，保证后续教材内容及时动态更新，积极与行业共建产教融合教材。

本套教材既可作为中高职职业教育会展类专业教学用书，也可作为职业本科会展类专业教育的参考用书，同时可作为工具书供从事会展策划与管理的企事业单位专业人员借鉴与参考。

作为全国首套会展策划与管理专业系列教材，难免存在缺陷与不足，恳请读者朋友指正，我们将在再版过程中予以完善与修正。

总主编：上海旅游高等专科学校 健锋

# 前言 FOREWORD

会展业作为现代服务业中的战略先导产业，它以会议、展览、节事等活动为载体，展示或推广产品、服务和技术，是连接生产与消费、产业与市场、国际与国内的重要桥梁。会展业在展示创新成果、汇聚优质资源、引领行业发展、传播创新理念等方面发挥重要作用，成为城市能级提升的“助推器”。

会展策划作为会展项目的“灵魂工程”,是将创意构想转化为可执行方案、实现资源整合与价值增值的核心环节。会展策划既能为项目落地提供清晰的行动指南，确保各环节高效协同、有序推进，更能以创新性策略提升会展项目的吸引力、影响力与商业价值。会展策划是高职会展策划与管理专业的核心能力。

本书立足新时代会展业发展趋势，基于会展项目流程，适应会展项目多元化形态，围绕会展市场调查、项目立项、场地选择、招商推广、现场服务、评估总结等六环节进行编写，各章节循序渐进、环环相扣，形成逻辑严密的知识链条。

本书章节按照“开篇导引—知识要点—案例精粹—融思贯通—展技实操—章节练习”等顺序组织编排。情景导入：引入会展项目案例，提出启发式问题，明确学习方向。理论筑基：系统梳理会展策划相关的基础概念、原理与方法，帮助学生构建专业知识体系。案例启思：解析实践与创新案例中的策划思路、执行要点与成功经验，让学生洞悉知识应用场景，推动知识内化与实践认知的双向深化。章节小结：归纳章节要点并设置开放性思考题，引导学生多维思辨，培养拓展性思维能力。实践强技：紧扣职业岗位需求设计实训任务，明确实训要求与评价标准，让学生在实践中提升项目策划技能，强化知识运用能力。习题巩固：围绕章节知识设置多类型题目，帮助学生及时查漏补缺，实现学习效果的有效反馈。此外，还配套章节 PPT 和微课视频等多媒体资源，便于教师教学和学生自学。

本书设计充分考虑高等职业教育的特点，致力于全面提高学生的策划能力和职业素养。本书具有以下特点：

**1. 聚焦会展职业岗位能力需求：**紧密围绕会展职业岗位核心工作内容，以实际项目需求为导向，有机融合理论知识与实训实践，着力夯实学生从市场洞察到项目落地的全流程策划能力。同时通过小组任务设计，强化创新创意、团队合作、沟通协调等能力培养，提升学生的职业素养。

**2. 遵循知识的系统性与实用性：**以会展策划流程为基础，秉持“够用为度”原则，构建从前期调研到后期总结的系统性知识框架，融入市场营销、项目管理等跨学科知识，贯通理论知识与实操技能，形成“学为所用、学即能用”的认知逻辑，促进理论学习向实践能力转化，满足职业岗位对复合型技能的需求。

**3. 突出内容的应用性和实践性：**秉持理论联系实际原则，通过开篇案例导入、篇中典型案例分析、章末技能实操三个递进环节，构建“实践认知 — 实践总结 — 实践操作”的实践学习路径，循序渐进培养会展职业技能。实训模块任务明确，设置实训目标、实训内容与步骤、实训要求及实训评价，引导学生学以致用，掌握会展策划的核心方法与专业技能，实现实践能力的阶梯式提升。

本书编写参考了相关论著、教材及资料，会展企业从业人员参与编写并提供指导帮助。在此，向所有为本书贡献智慧与力量的各界人士致以衷心感谢。随着会展业数智化与专业化的深度融合，行业理论知识与实践内容日益丰富，教材中难免存在疏漏与不足，期盼广大读者批评指正。

编　者

# 目录 CONTENTS


第一章

## 会展策划导论 / 1

第一节　会展策划定义与特征……3

第二节　会展策划遵循原则……5

第三节　会展策划基本流程……7

第四节　会展策划人员要求……9

第二章

## 会展市场调查与环境分析 / 13

第一节　会展市场调查需求……15

第二节　会展市场调查内容和方法……18

第三节　会展市场调查设计与实施……30

第四节　会展市场调查分析与总结……35

第五节　会展市场调查中的伦理与法律……39

第三章

## 会展项目立项与主题策划 / 47

第一节　会展项目选择……49

第二节 会展主题策划······53
第三节 会展定位策略······56
第四节 会展品牌建设······63

第四章
会展场地选择与布局安排 / 71

第一节 会展场地选择标准······73
第二节 会展空间布局安排······76
第三节 会展设施与技术支持······80

第五章
会展招商策略与推广计划 / 93

第一节 会展招商整体策略······95
第二节 会展招商计划与执行······99
第三节 推广渠道选择与内容设计······110
第四节 媒体合作与管理策略······117

第六章
会展相关活动组织与流程设计 / 125

第一节 会展相关活动概述······127
第二节 会展主题会议策划与流程安排······132
第三节 会展其他相关活动设计······143

第七章
会展现场服务与风险预案 / 159

第一节 会展现场服务重要性与基本原则······161
第二节 会展现场服务过程计划······167

第三节 会展风险预案设计……173
第四节 紧急事件处理与危机公关……176

第八章
## 会展效果评估与项目总结 / 187

第一节 评估指标体系的选择与应用……189
第二节 评估过程与实施……194
第三节 项目总结与改进……198

## 参考文献 / 206

# 第一章

# 会展策划导论

## 思维导图

- 会展策划导论
  - 会展策划定义与特征
    - 会展策划定义
    - 会展策划特征
  - 会展策划遵循原则
    - 目的性原则
    - 可行性原则
    - 创新性原则
    - 规范性原则
    - 效益性原则
  - 会展策划基本流程
    - 组建团队
    - 调研分析
    - 方案设计
    - 效果评估
  - 会展策划人员要求
    - 敏锐的洞察力
    - 多领域的知识体系
    - 优秀的表达能力
    - 综合分析能力
    - 持续的创新能力
    - 团队协作能力

## 学习目标

- 了解会展策划的定义与特征
- 了解会展策划遵循的原则
- 熟悉会展策划的基本流程
- 熟知会展策划人员要求

## 开篇导引

在中国“双碳”目标（碳达峰与碳中和）的推动下，节能环保、新材料、新能源领域迎来了前所未有的发展机遇。为了促进这些领域的技术交流、商业合作与公众认知，一场以“绿动未来”为主题的展览会正在筹划中。此次展览会旨在搭建一个平台，展示最新的节能环保技术、新能源材料及应用，推动行业创新与绿色转型。

基于深入的市场洞察，展会主办方制定了四大核心要求，旨在将此次盛会塑造成绿色科技领域的标杆。首先，践行“绿色引领”，展览会将全面采用环保材料，贯彻低碳运营策略，致力于成为会展行业绿色转型的典范。其次，“创新驱动”将是展会的灵魂，聚焦展示前沿绿色科技、先进低碳解决方案及环保产品，力促产业革新与升级。再次，强调“多领域融合”，打破行业界限，汇聚能源、交通、建筑、农业等多领域绿色技术，展现跨行业协同，展示创新成果。最后，“国际合作”将作为重要推手，广邀国际参展商，致力于搭建全球绿色技术交流平台。

为确保展会成功举办，展会主办方亟需组建一支专业的策划团队，思考团队工作人员应该具备哪些知识、素质和能力，才能胜任本次展会的策划工作呢？团队应当按照什么流程开展项目策划，确保展会落地实施呢？

# 第一节　会展策划定义与特征

## 一、会展策划定义

会展策划是指为有效组织实施会议、展览、节事及相关活动，在充分利用现有信息和资源的基础上，通过全面构思与设计活动最优方案，以实现预期会展目标的过程。会展策划是一个综合性的系统工程，策划工作涵盖了从项目立项、实施方案设计、品牌形象塑造与传播、配套活动组织、市场营销，到整个会展周期的运营管理等各个环节，是一项具有创意性和前瞻性的规划活动。

### （一）目标设定为行动导向

会展策划以实现会展活动目标为终极任务，这意味着从项目调研启动、到计划制定和执行，整个策划工作都要聚焦目标展开，从而确保活动的每个环节都能直接或间接地贡献于目标的达成。会展策划工作的目标行动导向，不仅是工作理念，更是一种工作实践方法，它贯穿工作的始终，确保整个方案都朝着既定的方向发展，实现预期的价值。

### （二）信息收集为决策依据

会展策划工作要建立在全面、系统、准确把握信息的基础上。通过对市场趋势、目标受众偏好、竞争态势及以往活动反馈等信息的收集与分析，使会展策划人员能够把握行业动态、预测潜在挑战、识别机遇所在。基于这些洞察，策划团队能够制定出更为精准、前瞻的决策，确保策划方案制定与执行既能贴合市场需求，又能凸显自身特色，最终实现既定的会展目标。

### （三）创新思维是核心因素

会展策划是一项高度依赖创新思维的工作，它要求策划者具有突破常规、敢于创新的能力，能创造出鲜明独特的活动主题，精进会展操作流程，为参与者打造耳目一新的互动体验。创新思维是会展策划的核心驱动力，它赋能活动设计，使之富含创意与价值，提升会展活动品牌竞争力和社会影响力。

## 二、会展策划特征

### （一）针对性

为了达成既定目标，会展策划的实质内容必须聚焦于项目的核心宗旨，有针对性地设计各类活动。在创意设计、策略选取及方案制定的各个环节，针对性应作为会展项目策划的立足点和出发点。策划针对的是会展活动的主要目标，会展策划涉及的各个环节，始终不能脱离主要目标这一主线。例如，中国国际进口博览会的重要目标之一是促进国际贸易合作，主办方有针对性地设计了各类商务洽谈会、投资推介会以及行业研讨会，为国内外企业搭建合作平台，达成交易。

### （二）筹划性

在会展活动的策划与执行过程中，需要对各项事务进行预先构想、规划和安排。这种筹划性贯穿整个会展项目周期，从最初的立项调研到最终的活动收尾，需要策划者对活动目标、资源分配、时间管理、风险控制等方面进行预先考量，确保每一步都能高效衔接，最终促成会展活动的成功举行与目标达成。这种全方位的筹划性是对会展策划专业性与效率性的保障。

### （三）系统性

会展策划作为对会展项目全面而深入的规划过程，体现出系统性特征。它不仅贯穿于会展项目的前期筹备、中期执行与后期总结三个阶段，确保各个时期的工作紧密相连且有序进行，有效避免了策划的随意性和无序性，提高成功概率。同时，会展策划的系统性还体现在对所有参与主体的统筹协调上，这包括主办方内部的高效运作，以及与政府部门、场馆管理者、各类服务商、媒体等外部合作伙伴之间的沟通与协作，共同构建一个协同作业的网络，保证会展活动的每一个环节都能顺畅对接，最终合力促成会展的成功举办。

### （四）灵活性

会展项目往往置身于不断演变的社会环境和自然条件下，即使进行了认真分析和精心策划，仍可能发生意外和风险，这些因素可能导致会展项目无法按计划举行或不能达到预期效果。鉴于此，会展组织者应当注重策划的灵活性与弹性，需要具备快速调整的能力，以便对突发事件、客户新需求或外界环境的变化做出即时反应，确保会展活动能够灵活应对各种不确定性，尽可能地达成既定目标。

## 第二节　会展策划遵循原则

微课

会展策划遵循原则

会展策划的原则是指能够反映会展策划过程的要求、在会展策划活动中需要遵循的指导原则和行动准则。

### 一、目的性原则

每一项会展活动都有特定的目的性，无论是旨在提升区域形象、促进经济繁荣与社会发展，还是致力于信息传播、观点交流与思想碰撞。在会展策划的初始阶段，首要任务是明确会展活动的主要目标，基于这一目标引领整个策划方向，策划团队着手开展市场调研，有目的性、有针对性地进行会展项目决策、项目计划、营销推广、实施运作等工作。策划团队将围绕这一核心，进行深入细致的市场调研，确保每一步决策、每一份计划、营销推广方案乃至实施运作方案都紧密围绕目标展开，做到有的放矢，精准高效。

### 二、可行性原则

会展策划是一项复杂而细致的工作，可行性原则确保了策划方案能够从概念性转化为现实性，构建出一个既富有创意又切实可行的活动框架。在策划过程中，需要充分考虑资源限制、时间跨度、预算管理、技术实施、市场环境以及目标受众的需求和期望。这意味着每一项计划都应经过周密的调研和评估，以确定其实际操作的可能性。例如，在选择场地时，不仅要考虑其规模和位置是否满足活动需求，还要评估交通便利性、设施完善度以及安全标准。此外，对潜在风险的预见和应对措施也是可行性原则的重要组成部分，这要求策划者具备前瞻性和应变能力，制定详尽的应急预案，以确保会展活动顺利进行。

### 三、创新性原则

在会展策划过程中，创新意味着敢于突破传统范式，探索新颖的主题、采用先进的技术手段、设计独特的参与体验，以及开发多元化的营销策略。它不仅涵盖了内容与形式上的革新，还涉及模式的变化，如融合线上线下元素，或引入环保理念，倡导绿色会展实践。创新性原则鼓励会展策划者保持敏锐的市场洞察力，捕捉行业趋势，满足参与者日益多样化的需求，从而提升会展活动的吸引力和影响力，确保活动的成功并推动会展行业的持续演进。

## 实例精粹

### 中国会展活动新技术、新设备、新服务展览会

实例精粹

中国会展活动新技术、新设备、新服务展览会

## 四、规范性原则

会展策划中的规范性原则是确保活动合法性、专业性和安全性的基石。首先，遵守法律是基础，确保所有策划活动严格遵守法律法规，涵盖从合同签订、版权管理、个人隐私保护到消防安全等一系列规定。其次，遵守行业标准和实践规范至关重要，这要求从场地设计、技术配备、现场运营管理到客户服务体验的每个细节，都需对标行业指南，提升活动的专业水准和整体品质。在当代会展实践中，绿色会展理念蓬勃发展，规范性原则体现在对环境保护的重视。策划者在遵循这一原则时，需将生态可持续性融入活动的每个环节，致力于减少会展活动对环境的影响。最后，规范性原则还体现在对安全和健康的高度关注，包括进行风险评估，制定紧急应对预案，在活动中采取措施保障参与者的健康，如提供清洁饮水、设置休息区等，营造一个安全无忧的参会环境。

## 五、效益性原则

获得效益是衡量项目成功与否的关键指标，也是决定项目能否稳健成长的核心要素。所谓的“效益”指经济效益、社会效益和生态效益。会展策划者在构思项目时，确保活动投资回报率最大化是核心目的，也考虑到对社会整体福祉与环境可持续性的贡献，致力于微观效益与宏观效益的和谐统一。并且，确保项目在短期内取得成效的同时，也能为长远发展奠定坚实的基础，平衡近期效益与远期效益的关系。简而言之，会展策划者应该关注效益的实现方式和途径，确保会展活动不仅在经济上取得成功，也能在品牌建设、社会影响上产生积极效果。

# 第三节　会展策划基本流程

会展策划是一个程序化和系统化的过程，作为项目实际运作的指导，是会展项目管理决策理智化、效能化、科学化的保证。会展策划流程包括会展活动发生之前的谋划、构思、设计的创造性活动的全部过程，主要步骤如下。

微课

会展策划基本流程

## 一、组建团队

在会展策划的早期阶段，虽然市场调研和项目可行性分析可能被视为首要任务，但在实际操作中，组建一支高效、专业的团队是确保这些前期工作得以顺利进行的基础。会展策划团队组成应包括项目经理、策划人员、文案撰写人员、会展设计人员、市场调查人员、媒体联络人员和公关人员，要仔细考量每位成员的技能、经验和专业背景，确保团队能够全面覆盖从策划到执行再到评估的所有必要能力。应清晰地划分团队每位成员的角色和职责，避免职责模糊或重叠。为促进团队间的高效协作，需建立稳定的沟通机制，设立定期会议和报告制度，保持团队成员之间的开放沟通，利用项目管理软件来监控项目进度和任务状态，从而维护信息的透明度和实时性，保证团队行动的一致性和目标的连贯性。

## 二、调研分析

调研分析旨在收集和分析相关信息，以便更精准地规划会展活动。调研分析通常涉及几个关键方面：一是市场调研。它帮助识别目标市场，深入了解目标受众的需求、偏好及行为模式。通过分析竞争对手，明确自身优势与劣势，同时追踪行业动态，洞察最新技术、设计潮流及市场趋势，确保会展活动与市场同步，满足目标群体的期待。二是环境调研。包括经济环境、社会文化背景、政策法规以及技术发展状况，这些因素直接影响会展活动的可行性，分析外在环境有助于预测潜在的机遇与挑战，以便制定更加适应市场变化的策略。三是场地调研。比较不同场馆的位置，以确保目标受众的便捷到达，评估场馆的硬件设施（如展览空间、会议设施）、服务质量和配套支持（如餐饮、住宿），增强参与者的舒适体验。四是资源与风险评估。确认是否有足够的人力、物力、财力来实施会展计划，识别潜在的风险，如市场波动、不可抗力事件等，建立风险管理预案。调研分析的结果将为会展策划的后续步骤提供数据支持和决策依据，帮助策划者做出更为明智的决策，确保会展活动能够达到预期的目标并产生良好的效果。

## 三、方案设计

方案设计需要兼顾整体规划与细节设计。从宏观视角出发，策划者需要明确策划主题、策划目标，在方法和资源利用上对策划方案的实施进行架构，从不同角度和多种途径思考酝酿，创意出可实施性的整体策划方案，包括立项策划方案、品牌形象策划方案、场地选择与布局方案、招商策划方案、宣传推广策划方案、现场管理策划方案、相关活动策划方案等。同时，从细处着眼，围绕总体规划，细化流程安排和人员分工。通过反复地修正与调整，确保方案的可行性与实用性。简而言之，整体策划方案提供方向与结构，而细节设计则丰富内容并确保执行质量，两者相互依存，共同构成会展策划方案。

## 四、效果评估

效果评估分为两个主要阶段：阶段性评估和终结性评估。阶段性评估在活动实施的不同节点进行，旨在即时反馈前一阶段的成效，为后续阶段的策略调整提供依据，确保活动能根据实际情况灵活应对，提升整体执行力。终结性评估则在会展活动结束后进行全面回顾，通过对比会展的投入与产出，包括整体成效、营销效果、参与者满意度以及商业成交情况等量化指标，来衡量是否达到预期目标。

通过对评估结果的深入分析，策划团队能够识别活动中的亮点与不足，进而优化策划方案，使未来的会展活动更加精准地满足市场需求，提高投资回报率，确保会展活动的持续创新和成功。

会展策划基本流程见图 1.1。

图 1.1 会展策划基本流程

## 第四节　会展策划人员要求

会展策划人员的工作是一项复杂且富有挑战性的任务，要求从业者不仅要有扎实的专业知识，还要具备出色的个人素质和综合能力。

### 一、敏锐的洞察力

会展策划者需站在潮流的最前沿，紧跟行业脉搏，敏锐捕捉市场动态、文化趋势以及科技革新，保持对外界事物的探索欲和对行业前沿的深度理解。这种敏锐的洞察力还体现在具备多维度感知事物的能力，能够迅速吸收多元信息并灵活应用。例如，在与客户的每一次交流中，迅速捕捉关键信息，理解深层次需求;在面对市场时，能够迅速辨识新技术、新形式与新理念的价值所在，并将其转化为独特的策划元素；对多媒体交互设计的创意融合、空间布局等，展现出精准而独到的判断。这种能力不仅是对专业技能的考验，更是对个人智慧与经验的全面展现。

### 二、多领域的知识体系

会展活动本身具有高度综合性，涉及市场调研、创意设计、项目管理、财务管理、法律规范等众多方面和专业领域，因此需要会展策划者具备多领域的知识体系。例如，会展策划者需要理解市场趋势，识别目标受众，以便设计出符合市场需求和受众偏好的活动。这需要对市场分析、消费者行为学有一定的了解，以确保会展活动能够吸引目标客户并达到预期的效果。再如，会展策划涉及大量的组织工作，包括时间线管理、预算控制、资源分配和风险管理。项目管理知识有助于策划者有效地规划和执行会展活动，确保活动按计划进行。多领域的知识体系，也要求会展策划者具有持续学习的能力。

### 三、优秀的表达能力

会展策划者拥有优秀的表达能力至关重要，这直接关系到能否清晰、准确地传达活动方案相关信息。优秀的表达能力不仅限于语言或文字上的流畅，更重要的是能够深入浅出地讲解或表述复杂活动方案。例如，面对客户时，策划者需要用简明扼要的语言，把复杂的活动流程和创意构思讲得既专业又易于理解，这样才能赢得客户的信任和合作。在团队管理上，策划者通过明确的任务说明和目标设定，可以确保每位成员都清楚自己的职责，从而提升工作效率。无论是向客户介绍方案，还是在团队内部协调工作，清晰而有力的表达都是必不可少的。

## 四、综合分析能力

会展活动涉及的层面广泛，从市场趋势判断、目标受众分析，到预算管理、风险评估，再到活动效果预测，每一个环节都需要深入思考和全面衡量，需要会展策划者具备综合分析能力。例如，策划一场行业峰会时，策划者不仅要分析该行业的最新动态，判断会议主题是否契合当下热点，还要综合考虑参会者背景，确保议题的吸引力。另外，对预算的合理规划和潜在风险的预判也考验着策划者的分析能力，如何在有限的资源下实现最大化的活动效益，同时准备应对可能的突发状况，都需要细致入微的分析和决策。综合分析能力是会展策划者的核心竞争力之一，它帮助策划者做出明智选择，确保活动的顺利进行和成功落地。

## 五、持续的创新能力

会展策划者需要有持续的创新能力，这一点在当今快速变化的市场环境中尤为重要。会展市场的竞争日益激烈，各类活动层出不穷，同质化现象严重。在这种背景下，缺乏创新的会展活动很难吸引足够的关注和参与。持续的创新能力帮助会展策划者打破常规，创造出独具特色、令人难忘的活动，从而在众多竞争者中脱颖而出，所以创新能力不仅关乎会展的吸引力和差异化，更是会展策划者保持竞争优势的核心动力。持续的创新能力要求策划者不仅要具备跨领域的知识，还要有敏锐的洞察力、勇于尝试的精神以及对新技术、新理念的开放态度。

## 六、团队协作能力

会展策划是一项复杂而精细的工作，涉及众多环节和参与者，会展项目的成功往往依赖于策划团队内部以及与外部合作伙伴之间的高效沟通和紧密配合。例如，在筹备一场国际会议时，会展策划者需要与市场团队合作制定宣传策略，与财务部门协调预算，与技术团队协商现场设备的布置，同时与外部供应商如餐饮服务商、装饰公司等保持密切联系。在这个过程中，会展策划者作为团队的核心，需要展现出出色的沟通技巧和协调能力，确保各个团队之间目标一致，共同致力于活动的成功举办。团队协作能力可以帮助会展策划者在时间限定、资源有限的情况下，确保各项任务得以有序执行，及时解决可能出现的问题，实现活动目标。

## 融思贯通

本章介绍会展策划的导论内容，包括会展策划的定义、特征、原则、基本流程以及会展策划人员要求。

其一，本章阐述了会展策划的定义和特征，会展策划应以目标设定为行动导向，信息收集为决策依据，创新思维是核心因素。强调了会展策划具有针对性、筹划性、系统性和灵活性等特征。

其二，本章介绍了会展策划活动中需要遵循的原则，目的性原则、可行性原则、创新性原则、规范性原则和效益性原则，这些原则贯穿会展策划工作的始终，是会展策划活动中需要遵循的指导原则和行动准则。

其三，本章介绍了会展策划的基本流程。在组建策划团队后，着手开展市场调研，调研分析的结果将作为策划的依据。从宏观视角出发，细处着眼，开展方案设计，编写会展策划方案，最后阶段性评估和终结性评估会展策划的效果。

其四，本章探讨了会展策划人员应具备的要求。这些职业素质包括敏锐的洞察力、多领域的知识体系、优秀的表达能力、综合分析能力、持续的创新能力和团队协作能力。由此可见，会展策划人员的综合素质要求较高。

1．请结合本章内容，谈谈你对会展策划的认识。

2．请思考，在进行会展策划时，如何遵循会展策划原则。

3．会展策划是系统性工作。请思考会展策划的流程包括哪些？每个流程环节需要注意什么？

4．会展策划者需要具备哪些综合素质？你需要在哪些方面加以培养和锻炼？

## 本章习题

### 一、判断题

1. 会展策划是一个综合性的系统工程，是一项具有创意性和前瞻性的规划活动。（　　）

2. 会展策划是一项复杂而细致的工作，为确保策划方案能够从概念性转化为现实性，要坚持可行性原则，构建出一个既富有创意又切实可行的活动框架。（　　）

3. 会展策划者要具备创新思维。（　　）

4. 会展策划工作要建立在全面、系统、准确把握信息的基础上。（　　）

5. 会展策划以实现会展活动目标为终极任务，会展策划涉及的各个环节，始终不能脱离主要目标这一主线。（　　）

### 二、多选题

1. 会展策划的特征包括：（　　）

A. 针对性　B. 筹划性　C. 系统性　D. 灵活性

2. 下列属于会展策划原则的是：（　　）

A. 创新性原则　B. 规范性原则　C. 效益性原则　D. 可行性原则

3. 会展策划的基本流程包括：（　　）

A. 组建团队　B. 调研分析　C. 方案设计　D. 效果评估

4. 会展活动本身具有高度综合性，涉及（　　）等众多方面和专业领域，需要会展策划者具备多领域的知识体系。

A. 市场调研　B. 创意设计　C. 项目管理　D. 财务管理

5. 下列有关会展策划人员能力要求说法正确的是：（　　）

A. 会展策划人员的工作是一项复杂且富有挑战性的任务，要求从业者不仅要有扎实的专业知识，还要具备出色的个人素质和综合能力

B. 会展策划者需站在潮流的最前沿，紧跟行业脉搏，敏锐捕捉市场动态、文化趋势以及科技革新，保持对外界事物的探索欲和对行业前沿的深度理解

C. 会展策划者拥有优秀的表达能力至关重要，这直接关系到能否清晰、准确地传达活动方案相关信息

D. 会展策划者要具备团队协作能力

习题答案

# 第二章

# 会展市场调查与环境分析

## 思维导图

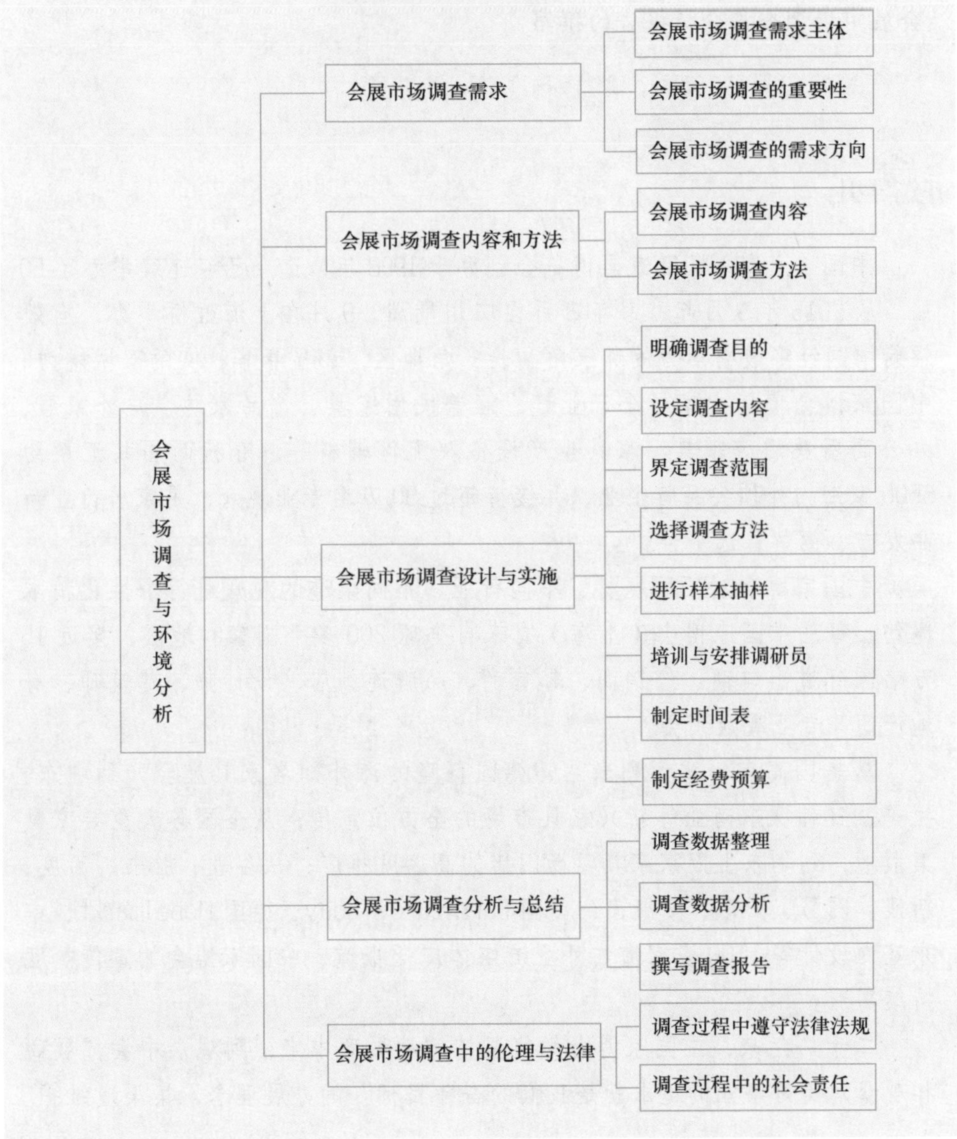

## 学习目标

• 了解会展市场调查的需求主体以及重要性，认识到市场调查与分析在会展策划与组织中的关键作用

• 熟悉市场调查工具和技术，能够运用多种调查方法开展调查，并进行有效的数据收集

• 掌握会展市场调查步骤，能够设计会展市场调查实施方案，具备一定的市场调查实施能力

• 掌握通过数据分析解决问题的技能，能够运用数据分析工具完成会展市场调查与分析报告的撰写

## 开篇导引

中国（上海）国际家具博览会创办于1998年，迄今已经连续举办了50届。从2015年9月起，每年3月在广州琶洲、9月在上海虹桥举办，有效辐射中国经济最有活力的珠三角和长三角地区，彰显春华秋实的双城魅力。中国家博会覆盖大家居全产业链，涵盖民用家具、饰品家纺、户外家居、办公商用及酒店家具、家具生产设备及配件辅料等，春秋两届共汇聚约5500家海内外顶尖品牌企业，共接待超过50万名专业观众，是家居行业新品发布、商贸首选平台。

中国家博会对不同题材、不同行业、不同渠道的观众进行个性化精准邀约，每届中国家博会（上海）有来自全球200多个国家和地区，接近15万名国际进出口商、经销商、零售商、品牌连锁店、设计师、建筑师、房地产商等专业观众到会。

从美国高点、意大利米兰、德国科隆的海外知名家具展会，到中东、拉美、日韩、东南亚等新兴家具市场的全方位宣传；从全国各大重要家具集散地，到华东上万家家具卖场门店的高密度推广；从谷歌、脸书、百度、新浪、网易、腾讯、搜狐，到美国Furniture Today、德国Mobelmarkt、中东室内设计等1100多家海内外主流媒体广泛报道，中国家博会的宣传热度持续高涨。

二十一年来，中国家博会始终坚持“从展商中来，到观众中去，展商和观众对美好事业的追求就是我们的奋斗目标”的办展理念，集渠道维护、

趋势发布、行业交流、贸易成交四大功能于一体，不断为行业、产业、企业带来更多更好的价值。

中国家博会的成功举办，得益于对市场的敏锐洞察、对需求的深刻理解和对行业趋势的准确把握，而这背后依靠的正是深入、全面且精准的市场调查与分析。会展市场调查涉及的内容如此广泛而复杂，那么为了使展会成功运作，究竟需要调研哪些具体内容呢？又该运用何种调查方法来获取所需信息呢？会展市场调查又应当如何有效开展，为项目策划提供科学依据呢？

资料来源：中国（上海）国际家具博览会官方网站．https://www.ciff-sh.com.

## 第一节　会展市场调查需求

### 一、会展市场调查需求主体

会展市场调查的需求主体可以分为直接需求主体、受委托调查主体和间接需求主体。

#### （一）直接需求主体

通常为政府机构、商会协会或各类展览公司。这类主体需要市场调查来确定展览的主题、规模以及潜在的参展商和观众群体，以确定市场定位。市场调查还包括了解行业趋势、竞争对手分析、目标市场的偏好及需求，以及评估最佳的营销策略和定价模式。

#### （二）受委托调查主体

主要指市场调研公司或咨询公司。专业的市场调研公司受委托进行会展市场调查，通常会收集并分析有关会展行业的数据，包括但不限于行业动态、目标客户群的行为习惯、消费能力、参展商的需求以及过往会展活动的表现等关键信息。这些公司运用定量研究和定性研究的方法来获取深入的洞察，帮助会展主办方做出基于数据的决策。此外，市场调研公司还会评估市场潜力和风险，为会展的营销和推广策略提供建议。

### （三）间接需求主体

1．观众和参展商

市场调查可以帮助观众了解会展的基本情况，如参展企业名单、活动日程安排等，使观众能够根据自己的兴趣和需求做出是否参加的决定。

市场调查提供了关于行业趋势、竞争对手动向和目标市场偏好的信息，帮助参展商更好地定位自己的产品或服务，并制定有效的市场营销策略。此外，通过市场调查收集到的数据，参展商可以评估自己在会展中的表现，了解自己展位的人流量、潜在客户的反馈、销售线索的数量等信息，从而衡量参展的投资回报率（ROI）。

2．服务商和供应商

服务商和供应商包括展馆租赁方、展位搭建、展具租赁、票务、酒店、翻译等服务提供商。服务商和供应商需要了解会展市场的趋势和需求，以便提供更好的服务和产品。

3．政策制定者和行业协会

政策制定者和行业协会可能会利用市场调查结果来制定行业政策、标准和指导原则，以促进会展行业的健康发展。

## 二、会展市场调查的重要性

### （一）洞悉市场需求

会展市场调查是会展活动成功举办的基础，它能够帮助主办方准确把握市场的需求和趋势，识别和选择会展机会，如新兴市场、未被充分开发的细分领域或是潜在的合作伙伴。这对于主办方发掘新的业务增长点至关重要。

### （二）决策与优化决策

会展市场调查为决策提供了数据支持。通过对市场环境、行业趋势、竞争对手以及目标客户的深入了解，主办方可以制定更加科学和有效的策划方案。此外，市场调查还帮助主办方优化决策过程，通过收集用户反馈和评估结果，促使主办方不断改进产品和服务，确保它们能够更好地满足市场需求。

### （三）规避市场风险

会展市场调查有助于识别和规避潜在的风险。会展项目通常涉及大量的投资和资源，市场调查可以帮助主办方预见可能的问题和挑战，从而采取预防措施。例如，通过市场调查可以评估市场接受度、潜在的财务风险、竞争对手的策略等，从而减少不确定性和风险。有效的风险管理能够确保会展项目的顺利进行，达到预期的目标。

## 三、会展市场调查的需求方向

### （一）市场需求与趋势分析

会展组织者往往需要分析当前市场的需求和行业趋势而开展市场调查。通过调查，可以了解目标参展商和观众对会展活动的需求和期望，包括他们希望看到什么样的展品、参加哪些类型的研讨会或活动等。同时，市场调查还可以帮助把握行业发展的脉搏，预测未来可能的趋势，从而调整会展策划的方向，确保活动内容与市场需求紧密相连。

### （二）竞争态势与差异化定位

在竞争激烈的会展市场中，了解同类会展的情况至关重要。通过市场调查，可以深入分析竞争对手的项目规模、参展商构成、观众来源等信息，从而找出自身会展的潜在优势和不足之处。这有助于制定差异化的竞争策略，突出会展的独特卖点，吸引更多的目标受众。

### （三）参展商与观众满意度评估

会展活动的成功与否，很大程度上取决于参展商和观众的满意度。通过市场调查，可以收集到参展商和观众对会展的直观反馈，包括他们对展位布局、服务质量、活动安排等方面的看法和建议。这些反馈信息不仅可以帮助评估本次会展的效果，还能为下一次会展策划提供有力的改进方向。

### （四）价格策略与预算规划

市场调查还可以提供关于参展费用、门票价格等方面的参考数据。通过了解目标市场对价格的敏感度以及他们的支付意愿，可以制定出更为合理的价格策略，既保证会展的盈利能力，又不至于让目标受众感到负担过重。同时，这些数据还能帮助进行更为精准的预算规划，确保会展活动的顺利进行。

### （五）宣传策略与品牌推广

有效的宣传策略是吸引目标群体的关键因素之一。通过市场调查，可以深入了解目标受众的信息获取渠道、媒体使用习惯以及对不同宣传方式的接受程度，为制定出更具针对性的宣传策略，提高会展活动的知名度和影响力提供依据。同时，市场调查还可以帮助了解目标受众对会展品牌的认知度和忠诚度，从而为品牌推广指明方向和重点。

**实例精粹**

开辟“文旅融合”差异化赛道的湖南食餐会

实例精粹

开辟“文旅融合”差异化赛道的湖南食餐会

## 第二节 会展市场调查内容和方法

### 一、会展市场调查内容

#### （一）宏观市场环境调查

宏观市场环境是指影响会展项目经营活动的外部条件的总和。它包括一系列因素和力量，主要包括政治、经济、社会、技术等因素，这些因素和力量对会展项目运营的市场机会及挑战产生影响。

1. 政治法律环境

会展市场的政治法律环境指的是影响会展行业运营的政治制度、法律法规、政策导向以及其他由政府或相关权力机构制定的规则和规范，包括国家层面的政策法律、地方政府的政策法律、行业监管机制等。它决定了会展市场的法规框架、市场准入条件、行业标准以及政府对会展市场的支持力度等，对会展市场有着深远的影响。

（1）国家政策法律环境分析。国家政策法律环境分析主要针对国家出台的宏观调控、财税优惠、贸易投资等方面进行研究，包括政府的支持措施、法律法规框架，以及与会展业相关的各种政策导向。例如，“一带一路”倡议为中国会展业带来了新的国际合作机会，在这样的政策导向下，相关会展项目应运而生。

（2）地方政策法律环境分析。地方政策法律环境分析则侧重于地方政府对会展市场的具体管理政策、地方性法规、地方财政支持政策等的研究。例如，地方政府可能会出台一系列措施来吸引国内外会展企业在本地区举办展会，包括提供场地租赁优惠、财政补助、简化审批流程等。

（3）行业监管分析。行业监管分析主要是对会展行业的监管体制、行业标准、行业自律机制等进行研究。监管制度不仅涉及会展市场的规范化运作，还包括对会展活动中可能出现的问题的处理机制，如知识产权保护、安全管理等。

会展市场的政治法律环境分析是一个复杂的系统工程，需要从国家到地方多个层面进行综合考虑。只有充分理解政策意图和法律规定，才能有效地把握市场机遇，实现可持续发展。

2．经济环境

经济因素，如GDP增长、消费水平、投资规模等，直接影响会展市场的规模和活跃度。经济的繁荣或萧条都会对企业的参展意愿和消费者的参观热情产生影响。

（1）GDP增长的影响。GDP增长是衡量一个国家或地区经济状况的重要指标。会展宏观市场调查需要关注GDP的增长率，因为这直接影响到企业和消费者的信心以及他们的消费和投资能力。GDP的增长为会展业的发展提供了坚实的基础。

（2）消费水平的影响。消费水平反映了市场上消费者购买力的情况，对会展活动的吸引力和参展商的参与度有着直接影响。会展市场调查需要分析消费者的收入水平、消费习惯和消费趋势，以预测会展活动可能吸引的观众数量和质量。

（3）投资规模的影响。投资规模体现了市场主体对未来产业发展的信心和预期。行业投资带来的产业繁荣显著促进了会展业的发展。这种繁荣促进了产业链上下游之间的协同合作与知识的广泛共享，使得会展活动的数量增多，频次增加，吸引了更多国内外参展商和专业观众参与，为行业内的企业提供了展示新产品和技术、拓展商业网络的机会，从而使会展业成为一个推动行业交流与创新的重要平台。

3．社会文化环境

人口结构、消费习惯、价值观等社会文化因素在不断塑造会展市场的需求特征。随着社会的发展，这些因素的变化要求会展活动的内容和形式不断创新，以满足不同社会群体的多样化需求。例如，随着年轻一代逐渐成为消费主力，会展活动需要融入更多时尚元素和技术体验，以吸引年轻观众的兴趣。此外，消费习惯的变迁，如对个性化和体验式消费的追求，促使会展活动提供更加独特和沉浸式的体验；而价值观的转变，如对环保和可持续发展的重视，则要求会展在策划和执行过程中更加注重绿色生态和社会责任。

4．技术变化环境

调研技术变化环境对于会展市场至关重要，因为技术的快速发展直接影响着会展的组织方式、参与体验以及市场竞争力。通过了解最新的技术趋势，会展组织者可以及时采用创新工具和服务，如虚拟现实、人工智能、大数据分析等，从而优化活动流程、提升参与者体验、降低成本并提高效率，最终确保会展活动能够顺应数字化时代的潮流，保持持续的竞争优势。

### （二）行业状况调查

行业需求分析涵盖了对会展活动所在行业的特点、发展趋势、技术创新以及政策变化等多个方面的深入了解。这一分析过程对于确保会展活动的成功举办至关重要，因为它不仅有助于会展组织者准确把握行业动态，及时捕捉行业发展的最新趋势和技术革新，还能够帮助他们深刻理解行业内的具体需求和期望，从而更好地满足参与者的需求。通过细致的行业需求分析，会展组织者可以制定出更加精准的活动方案，确保会展内容与行业发展方向相契合，最终实现会展活动的高质量举办和长远发展。

### （三）客户需求调查

在会展市场调查中，客户需求是指参与者对会展活动的期望和要求。这些需求聚焦于会展项目所处的直接环境，对直接影响会展项目运作的各个具体要素进行的详细考察，可以从参展商需求、观众需求、与会者需求、合作伙伴和媒体等几个方面确定。

1．参展商分析

参展商的类型、动机、历史和体验是影响展会成功的关键因素。了解参展商的需求和期望有助于展会提供更具针对性的服务和产品。

2．观众分析

观众的专业程度和参观目的是影响展会效果的重要因素。通过分析观众的来源和特点，可以优化展会的组织和活动设计，以提高吸引力。

3．与会者分析

了解目标受众的需求，如对会议内容、形式、服务等方面的偏好和期望。

分析与会者的行为模式，包括他们的参会习惯、信息获取渠道、参与度等。这有助于了解与会者对会展活动的期望和兴趣点。

4. 合作伙伴关系分析

与政府部门、行业协会和研究机构的合作关系对于获取政策支持、行业信息和前沿技术至关重要。调查分析这些合作关系在创造良好的会展项目运作环境、丰富会展活动内容、提升行业内的地位和吸引力方面的效果。

5. 媒体分析

分析媒体报道覆盖情况和内容，了解媒体对会展的关注度。通过报道的深度、角度，准确评估媒体对会展活动的理解和报道质量。这有助于会展组织者优化媒体策略，提高会展的媒体曝光率。此外，在数字化时代，社交媒体成为获取新闻信息的主要渠道。会展组织者可以通过分析社交媒体上的讨论、反馈和互动情况，了解公众对会展的看法、需求和参与度。这有助于会展组织者调整内容策略，提高会展的互动性和参与度。

### （四）竞争对手调查

竞争对手是指与会展项目在同一市场或同一行业中争夺资源、客户或利润的其他会展项目。通过竞争对手的会展网站、宣传材料、媒体报道以及组织调研活动等，了解竞争对手的市场定位、活动规模、参与者数量和质量等，评估它们的市场竞争力。针对竞争对手的调查内容主要包括以下几个方面。

1. 竞争对手的识别和分类

竞争对手可以根据不同的标准进行分类，如市场份额、产品类别、地理位置、战略目标等。竞争对手的识别和分类有助于确定竞争对手的范围和重点，以及竞争对手之间的相互关系。

2. 竞争对手的基本情况

竞争对手的基本情况包括其历史背景、组织结构、经营状况、财务状况、人力资源、管理水平、企业文化等。竞争对手的基本情况可以反映竞争对手的实力和特点，以及竞争对手的优势和劣势。

3. 竞争对手的市场表现

竞争对手的市场表现包括竞争对手的市场定位、市场份额、市场增长率、市场覆盖率、市场满意度、市场忠诚度等。竞争对手的市场表现可以反映竞争对手的市场竞争力和市场影响力，以及竞争对手的市场机会和威胁。

4. 竞争对手的营销策略

竞争对手的营销策略包括竞争对手的产品策略、价格策略、渠道策略、促销策略、品牌策略等。竞争对手的营销策略可以反映竞争对手的市场目标、市场定位、市场细分、市场差异化等，以及竞争对手的营销优势和劣势。

实例精粹

会展行业：全球化背景下的商业与文化交流平台

实例精粹

会展行业：全球化背景下的商业与文化交流平台

## 二、会展市场调查方法

### （一）问卷调查法

#### 1. 问卷调查法的含义与特征

微课

会展调查问卷设计

问卷调查是一种通过设计一套问题表格，收集受访者的信息和意见的调查方法。这种方法适用于大规模、广泛的调研对象。问卷调查可以是纸质的，也可以是通过互联网或电子邮件等电子方式进行。例如，通过设计问卷来收集目标受众（如参展商、观众等）的偏好、需求和态度，可以帮助会展企业了解市场需求、竞争格局、发展趋势等情况，为企业制定市场营销策略提供依据。

问卷调查法具有如下特征。

（1）标准化。问卷调查法采用标准化的问卷格式和问题设置，确保每个被调查者回答的问题一致，减少了人为因素对调研结果的影响。使用标准化工具收集来的资料可以进行计算机统计处理，有利于进行定量分析。

（2）匿名性。问卷调查一般不要求被调查者在问卷上署名，有助于减少被调查者的顾虑，进行一些具有某种敏感性问题的调查，并得到被调查者真实的回答。

（3）操作性。问卷中所有提问项目都是由特定的理论假设操作而来，这种操作性使问卷的每个提问均能有效、精当。

#### 2. 问卷调查实施步骤

问卷调查法的实施步骤包括以下几项。

（1）确定调查目标。在设计问卷之前，首先要明确调研的目的，如了解会展的市场需求、评估会展服务的质量、

图 2.1　问卷调查法是常用的市场调研方法

收集与会者对会展内容的反馈等。此外还要确定调查的目标受众，如参展商、观众、嘉宾等。

（2）设计调查问卷。在设计会展市场调查问卷时，通常会结合多种类型的问题以确保问卷的全面性和有效性。

① 背景性问题：这些问题用于收集被调查者的基本信息，如年龄、性别、职业、教育水平等，以便于后续分析数据时能够考虑到不同背景群体的特点。

② 客观性问题：这类问题旨在获取被调查者对于某些客观事实的认知和态度，例如对会展的了解程度、参加过的会展次数、通过哪些渠道了解会展等。

③ 主观性问题：主观性问题更多地探索被调查者的个人感受和偏好，如对不同类型会展的兴趣、影响参加会展的因素、在会展购物时遇到的问题等。

④ 检验性问题：这类问题用来验证前面问题的可靠性，例如通过重复提问或设置陷阱问题来检测被调查者的诚实度和注意力集中程度。

在实际操作中，问卷设计者会根据调查目的和研究假设，结合上述问题类型，精心设计问卷内容，确保问卷既能全面覆盖调查需求，又能提高响应率和数据质量。

（3）选择调查方法。根据调研目标和对象，选择合适的调研方法，如在线问卷、电话访谈、面对面访谈等。每种方法都有其优势和局限性，需要根据实际情况进行选择。

（4）实施调查。确保所有准备工作已经完成，包括问卷的设计、预测试以及调查员的培训等。接着，按照事先确定的抽样方案选取合适的调查对象，然后通过选定的方式（如网络、电话或面对面访谈）发放问卷。在这个过程中，应密切监控调查进度，保证数据收集工作顺利进行。

（5）数据收集与分析。首先需要确保所有问卷已完整回收，这一步可以根据问卷的形式决定是直接录入数据还是将纸质问卷进行整理，并将数据转化为电子格式。在整理数据的过程中，为了保证数据的准确性和完整性，通常会进行数据清洗，去除无效或不一致的回答，并处理缺失值。一旦数据准备就绪，便可以运用统计软件进行数据分析，例如计算平均数、标准差等描述性统计量，或是通过交叉分析、回归分析等方法探索变量间的关系。

（6）报告撰写。此环节旨在将收集和分析的数据转化为有意义的信息，以便于利益相关者理解和应用。报告应当以清晰的结构呈现，首先概述研究背景、目的和方法论，接着详细介绍调查结果，包括主要发现、统计数据以及可视化图表等。随后，基于数据分析的结果提出合理的结论和可行的建议。报告应客观公正、避免主观臆断，保证报告的专业性和可信度。

3．问卷调查中的注意事项

（1）问卷设计。问卷设计要科学、合理，问题设置要具有针对性、逻辑性和可操作性。避免使用过于复杂或含混不清的表述，确保被调查者能够准确理解问题。

（2）样本选择。样本选择要有代表性，能够反映目标人群的整体特征。样本数量要足够大，以提高调研结果的准确性和可靠性。

（3）调研实施。在调研过程中，要确保被调查者有足够的时间和意愿填写问卷。对于不理解或无法回答的问题，要及时进行解释和引导。

（4）数据分析。对收集到的数据要进行认真、细致的分析，提炼出有价值的信息和结论。同时，要对调研结果进行验证和评估，确保其准确性和可靠性。

（二）访谈法

1．访谈法的含义与特征

访谈法是一种通过与会展市场的相关专家、行业领导者、业内人士等进行面对面的深入交流和访问的方法。这种方法旨在从受访者的口头表述和非言语行为中获取信息，以收集利益相关方的深入信息，了解行业趋势、市场需求、竞争态势等，从而获取市场发展的深入洞察。

图 2.2　面对面访谈

访谈法具有如下特征。

（1）信息量大。通过与受访者深入交流，可以获取大量详细且具体的信息，有助于全面了解会展市场的各个方面。

（2）灵活性高。访谈法可以根据受访者的反馈灵活调整问题，以深入探索特定主题或解决疑惑。

（3）适用范围广。访谈法不仅适用于了解当前市场情况，还可用于预测市场趋势、评估竞争对手等。

（4）控制性强。访谈者可以引导谈话方向，确保获取所需信息。

（5）可与其他方法结合：访谈法可以与其他市场调查方法（如问卷调查法、文献资料法等）相结合，以获取更加丰富和全面的信息。

2．访谈法在会展市场调查中的应用

（1）确定研究目的和研究问题。在进行访谈之前，首先需要明确研究目的和研究问题。研究目的可以是对某个主题进行全面了解，或者解决某个具体问题。研究问题应该是明确、具体的，能够指导访谈的进行。

（2）选择受访者和采样方法。访谈的受访者应该是与研究问题相关的人群，可以通过随机抽样、目标抽样等方法选择受访者。需要确定访谈的数量，以及面对面访谈还是电话访谈等形式。

（3）制定访谈大纲。访谈大纲是一种用于指导访谈过程的工具，它涵盖了研究的问题以及具体的访谈内容。制定访谈大纲时，应依据被访谈者的背景、经验和专业领域来设计有针对性的问题。大纲的设计必须围绕一个明确的目的展开，确保每一个问题都与预定的目标紧密相关，以此来保证访谈大纲的有效性。在问题的设计上，应注重开放性和灵活性，以便在访谈过程中能够促进更深层次的探讨和对话。此外，还应准备一些追问问题，以便在必要时进一步探究被访谈者的回答或获取更多细节。在实际进行访谈之前，进行预演是非常重要的一步，这有助于检查问题的清晰度和完整性，确保它们完全符合访谈的目的。

（4）进行访谈。在进行访谈时，需要给受访者提供充分的信息，并与其建立良好的沟通与信任关系。在访谈中，按照逻辑顺序安排问题，从一般到具体，逐步深入，以保持访谈的连贯性和流畅性。在提问时挑选能够引导被访谈者深入讨论的关键问题，这些问题应具有开放性，避免封闭性问题。同时，要灵活运用技巧，比如倾听、鼓励和追问等，以便获取更加详细和准确的信息。

（5）整理和分析访谈数据。在访谈结束后，需要对访谈数据进行整理和分析。可以使用文字记录、录音、录像等方式保存访谈内容，并根据研究目的和研究问题对访谈数据进行整理和分类。随后，进行数据分析，找出其中的共性、差异和关联等。

（6）撰写访谈报告。最后，根据访谈数据的分析结果，撰写访谈报告。

报告应该包括研究目的、研究问题、访谈情况、主要结果和结论等内容。报告要清晰、简洁，并能够回答研究问题。

3．访谈法的注意事项

（1）尊重受访者。确保访谈过程尊重受访者的隐私和权益，避免对其造成不必要的困扰。

（2）保持客观中立。在访谈过程中保持客观和中立的态度，尊重受访者的意见和观点，避免主观引导或暗示自己的意见。

（3）营造良好氛围。为受访者营造一个舒适和开放的环境，使其愿意分享真实想法和观点。

### （三）观察法

1．观察法的定义和特点

观察法是研究者直接利用自己的感官或借助仪器设备，对被研究对象的行为、活动、反应、感受或现场事物进行观察记录，以在自然状态下获取真实可靠的第一手资料。观察法在会展市场调研中的应用非常广泛，可以用于了解参展商与参观者的行为模式、互动方式，观察参观者对特定展品的兴趣度、停留时间、人流走向等。

观察法大致可以分为非参与观察法和参与观察法两类。前者指被调查者视为局外人，从旁进行观察，而不参与其活动。这种方法的优点是可以减少对被调查者行为的干扰，但可能无法深入了解被调查者的真实想法和感受。后者指研究者要和被调查者直接相处并与其一起参与活动，以便更深入地了解被调查者的观察方法。这种方法的优点是可以获得更为深入和真实的信息，但可能会对被调查者的行为产生一定的影响。

观察法具有如下特点。

（1）自然性。在观察过程中，研究者不对被观察对象施加任何形式的控制或干预，以确保观察到的现象是自然发生的，不受外界影响。这种特性使观察法能够捕捉到真实世界中的现象，而不是人为制造或改变的结果。

（2）系统性。观察法需要有明确的计划和步骤，按照一定的程序和方法进行。这意味着观察不是随意的，而是有目的、有组织的。系统性的观察方法可以确保其他研究者在相同的条件下可以重复观察，从而验证观察结果的可靠性。

（3）客观性。在观察过程中，研究者应尽可能保持客观，避免个人偏见、期望或假设的影响，确保所记录的数据真实反映被观察对象的情况。这意味着观察者需要保持中立的态度，以科学的方法记录现象，使观察结果更加可信和有效。

2．观察法在会展市场调查中的应用

（1）观察设计。在观察前，需要明确观察的目的、目标场景和观察的主要内容。观察设计包括确定观察的时间、地点、对象和观察的具体行为或事件。

（2）选择观察场景。根据观察目的和目标受众，选择合适的观察场景。观察场景可以是会展现场、参展商展位、观众活动区域等，以确保观察结果的广泛适用性和准确性。

（3）实施观察。在观察过程中，观察者需要保持客观和隐蔽，记录关键信息和行为。观察者需要关注目标群体的行为、互动、体验等，以及会展的组织和服务质量。

（4）数据整理和分析。观察结束后，需要对收集到的数据进行整理和分析。整理工作包括整理观察记录、录像和照片等资料，确保数据的完整性和准确性。数据分析可以采用定性分析、定量分析等方法，以揭示数据背后的趋势和规律。

（5）结果解释和应用。对观察结果进行解释，以便会展策划者根据调查结果做出相应的决策。结果的解释需要结合会展市场的实际情况，提出具有针对性的建议和策略。

3．运用观察法调查时的注意事项

第一，为了使观察结果具有代表性，反映某类事物的一般情况，应选择具有代表性的典型对象，在最适当的时间内进行观察。

第二，在进行实际观察时，不让被调查者有所察觉，否则，就无法了解被调查者的自然反应、行为和感受。

第三，在实际观察时，必须实事求是、客观公正，不得带有主观偏见，更不能歪曲事实真相。因此，要求调查人员遵守有关法律和道德准则，不能对涉及国家机密和个人隐私的内容进行观察，除非得到有关部门和人员的允许。

第四，调查人员的记录用纸和观察项目最好有一定的格式，便于尽可能详细地记录调查内容的有关事项。

第五，为了观察客观事物的发展变化过程，进行动态对比研究，就需要做长期反复的观察。

### （四）实验法

1．实验法的定义和特点

在会展市场调查中，实验法常用于测试新产品、新价格、新广告等对消费者行为的影响。通过对研究对象施加特定的实验处理，然后观察并记录实验结果，从而推断处理因素对研究对象的影响。

实验法具有如下特点。

一是可控性。研究者可以控制和操纵研究中的变量，包括干预变量和干扰变量，以确保实验条件的一致性和可重复性。

二是因果性。实验法能够确定因果关系，通过对不同组的实验进行对比分析，可以确定某一因素对结果的影响程度。

三是客观性。在设计、执行和分析实验过程中，必须严格遵循科学方法，确保实验过程不受个人主观因素的影响，从而使实验结果真实可靠、可验证。

2. 实验法的实施步骤

（1）实验设计。在市场调查中，实验设计需要考虑实验目的、自变量（如产品特性、价格、促销等）、因变量（如销售量、市场份额、品牌认知等）和控制变量。

（2）样本选择。选择具有代表性的样本，确保样本具有足够的数量和多样性，以便实验结果能够推广到总体。

（3）实验实施。在受控的环境中进行实验，确保实验条件的稳定性和一致性。实验者需要记录详细的实验数据。

（4）数据收集与分析。使用统计分析方法对收集到的数据进行处理，识别实验处理对因变量的影响。

（5）结果解释。根据数据分析结果，解释实验处理对因变量的影响，并提出相应的市场策略与建议。

3. 运用实验法的注意事项

（1）选择实验和对照组。为了确保实验结果的有效性，通常需要设立实验组和对照组。实验组将接受特定的实验处理，而对照组则不会。通过比较两组的结果，可以更准确地评估实验因素的效果。

（2）随机分配。为了减少偏差，实验参与者应随机分配到实验组和对照组。这有助于确保任何已知和未知的变量在两组之间均匀分布。

（3）考虑外部因素。在会展环境中，可能有许多无法控制的外部因素影响实验结果。这些因素可能包括季节性、市场趋势、竞争活动等。在分析实验结果时，需要考虑这些外部因素的潜在影响。

（4）伦理考虑。在进行实验时，需要确保遵守伦理标准，尤其是在涉及人类参与者的情况下，主要包括确保参与者的隐私、获得知情同意以及保护参与者免受伤害。

### （五）德尔菲法

#### 1. 德尔菲法的定义和特点

德尔菲法（Delphi method）也称专家调查法，是一种通过系统地征询专家意见并反馈，以达成共识的预测方法。德尔菲法的核心在于利用多轮次的问卷调查和反馈，使专家们在匿名的条件下交换意见，以此来减少个体偏见，逐步趋向于一致的预测结果。

德尔菲法的特点包括匿名性、多轮反馈和统计分析，这些特点有助于减少个体偏差，增强预测结果的可靠性和有效性。

在会展市场调查中，德尔菲法可以用于预测市场趋势、评估新项目的市场潜力、确定会展主题和内容等。通过德尔菲法，主办方可以收集来自不同领域专家的意见，从而更准确地了解市场需求和预期效果，为会展活动的成功举办提供科学依据。

#### 2. 德尔菲法的实施步骤

（1）组建专家小组。组建一个专家小组，包括对所研究主题有专业知识和经验的专家。

（2）设计调查问卷。设计调查问卷，包含需要专家回答的问题和选项。问题可以包括开放性问题、封闭性问题、量表题等。

（3）发放问卷。通过邮件、电子邮件等方式向专家小组发放问卷。专家需要在规定时间内完成问卷并返回。

（4）收集和分析问卷。收集专家的问卷后，对问卷进行整理和分析。分析结果可以采用统计分析、趋势识别等方法。

（5）反馈和讨论。将分析结果反馈给专家小组，专家可以就结果进行讨论和交流。在必要时，可以进行多轮问卷调查，以达成共识。

（6）得出结论。经过多轮问卷调查和讨论，最终得出专家意见的共识。

#### 3. 德尔菲法处理专家意见分歧的方法

（1）匿名反馈。德尔菲法强调匿名性，专家们在提供意见时不会知道其他人的具体观点，这样可以减少权威影响和群体压力，使得专家能够自由地表达自己的真实想法。

（2）多轮迭代。德尔菲法通常包含多轮意见征集和反馈过程。在每一轮中，专家们会收到前一轮的汇总意见，并据此调整自己的观点。这个过程有助于缩小意见差距，逐步引导专家们的意见趋于一致。

（3）意见整合。在每一轮结束后，组织者会收集所有专家的意见，并进行整理和分析。这些信息会被反馈给专家们，以便他们在下一轮中参考和修正自己的观点。

（4）专家间的互动。虽然德尔菲法强调匿名性，但在某些情况下，组织者可能会组织专家进行有限度的互动，例如通过电话会议或在线论坛，以便专家们更好地理解彼此的观点，促进共识的形成。

（5）结果处理。在经过几轮反馈之后，如果专家们的意见仍然存在较大分歧，组织者可能会采用中位数或四分位数等统计方法来处理结果，以反映专家群体的整体倾向。

4. 实施德尔菲法时的注意事项

（1）挑选合适的专家。专家的选择对德尔菲法的结果至关重要。应确保所选专家具有相关领域的专业知识和实践经验。

（2）保证匿名性。为维护德尔菲法的有效性，必须确保专家们的匿名性，避免权威效应和群体压力对结果产生影响。

（3）合理设计问卷。问卷的设计应简洁明了，针对性强，以便专家们能够准确、高效地表达自己的观点。

（4）控制反馈轮数。虽然多轮反馈有助于提高预测的准确性，但过多的反馈轮数可能导致效率降低和成本增加。因此，需要在保证预测准确性的同时，合理控制反馈轮数。

## 第三节　会展市场调查设计与实施

在会展市场调查中，通过周密规划并高效落实市场调查，可以确保收集到的信息既准确又可靠，进而为会展活动的成功举办奠定坚实的基础。会展市场调查设计与实施需要关注以下几个核心环节。

### 一、明确调查目的

会展市场调查设计的第一步是明确调查目的。调查目的是整个调查工作的出发点和落脚点，决定了整个调查活动的方向和重点，它直接影响到调查的内容、方法、样本选择以及数据分析的方式。一个明确的调查目的可以确保调查活动的高效性和结果的准确性。

## 二、设定调查内容

### （一）细化与明确性

调查内容应详细说明希望通过调查获取的信息及其解决的问题。例如，以“评估参展商对本次会展的整体满意度，并识别关键服务领域的改进机会”为调查目的，进一步细化后，调查内容可包括：了解参展商对展位布局、物流服务和现场管理的具体需求和期望；收集参展商对会展宣传策略的有效性反馈；探究参展商对未来会展的参与意愿和推荐意愿。

### （二）量化与可衡量性

量化与可衡量性是确保调查结果客观性和可比性的关键要素。调查内容需具备可量化的特点，以便在后续的数据分析中更容易识别问题和趋势。例如，“收集并分析至少 200 份参展商的调查问卷，以量化评估他们对各项会展服务（如展位搭建、物流配送、现场技术支持等）的满意度”。设计问卷中包含 1 ~ 5 分的评分体系（1 表示非常不满意，5 表示非常满意），要求参展商对各项服务进行评分。

### （三）与会展策划的相关性

调查内容应与会展策划的主要目标紧密相关，明确调查如何为会展策划提供支持，并确保收集的数据可以直接用于改进策划方案。例如，如果会展策划的重点是提升参展商体验，则调查内容可以是“深入了解参展商在会展过程中的需求和痛点，以便优化他们的参展体验”。

## 三、界定调查范围

### （一）确定目标受众

为了确保调查的有效性，首先需要明确目标受众，即调查的对象。明确目标受众有助于调查更加精准地定位，从而收集到更具针对性的信息。如要了解展会的市场形象，可以调查潜在参展商、已参展商、专业观众等。可以从用户角度出发，全面了解展会的表现。多层次的目标受众设定，能够帮助会展组织者从不同维度获取信息，为展会的持续改进提供坚实的数据支持。

### （二）界定调查的地理区域

界定调查的地理区域对于确保样本的代表性和广泛性至关重要。不同范围的会展活动，调查的地理范围也应相应调整。

本地区域：对于地区性的会展活动，调查可能主要集中在举办城市或周边地区。

全国范围:对于全国性的会展活动，调查范围需要覆盖更广泛的地理区域。

国际市场：对于国际性的会展活动，调查可能需要跨越国界，包括关键的外国市场。

#### （三）确定调查的行业领域

确定调查的行业领域有助于更加精确地锁定目标受众，并收集到与会展主题高度相关的信息。

核心行业：确定会展所聚焦的主要行业或领域，如科技、医疗、教育等。

相关行业：考虑与核心行业紧密相关的其他行业，这些行业可能也会对会展活动感兴趣。

新兴行业：关注新兴行业或市场趋势，了解它们对会展活动的潜在影响。

### 四、选择调查方法

会展市场调查的方法众多，如问卷调查、深度访谈、焦点小组讨论、观察法等。根据采用定量分析还是定性分析，选择正确的调查方法，可以确保所收集数据的有效性和可靠性，从而为会展策划和管理提供科学依据。

定量分析关注于可量化的数据，通过数字和统计方法来解释研究对象的特征。例如使用问卷调查法，通过向参观者发放包含多项选择题的问卷，收集关于参观目的、偏好区域等方面的数据，并进行统计分析。定性分析旨在深入理解现象的本质和意义，它侧重于描述性的信息而非数值数据。如采用深度访谈，与关键参与者（如参展商、专业观众）进行一对一的交流，了解他们对会展的看法和感受。在实际操作中，有时也需要综合运用多种方法，将定量分析与定性分析相结合，以便从不同维度全面理解和解释数据，从而为会展策划提供更加精准和可靠的指导。

此外，还需要评估所选择的调查方法和技术是否适用于目标受众，并确保调查人员具备使用这些技术的能力。例如，如果选择在线调查方式，需要确保目标受众具备上网条件，并且调查人员能够熟练运用在线调查工具。

## 五、进行样本抽样

微课

会展调查样本抽样

在会展市场调查中，进行样本抽样是一项关键步骤，它能够帮助研究者从目标群体中选取有代表性的部分个体进行研究，从而推断整个目标群体的特征。在正式抽样之前，首先根据调研的总体，确定抽样框架。抽样框架是指可以获取的总体成员列表或标识集合。在会展市场中，这可能是一个参展商名单或者参观者的数据库。需要注意确保抽样框架包含目标总体的所有可能成员，以避免遗漏或重复。同时核实抽样框架中的信息是否准确无误，也要考虑样本的可访问性，确保能够联系到并获取被调查者的有效回应。

抽样方法对于确保样本的代表性和广泛性至关重要，根据研究目的和资源限制，选择合适的抽样方法。常见的抽样方法包括以下几种。

一是简单随机抽样。从目标总体中随机抽取样本，确保每个样本被抽取的概率相等。这种方法简单易行，但可能不适用于总体差异较大的情况。

二是分层抽样。将目标总体划分为若干个层次或子群，然后从每个层次中随机抽取样本。这种方法可以确保各个层次的代表性，但需要了解总体的分层情况。

三是整群抽样。将目标总体划分为若干个群体，然后随机选择若干群体作为样本。这种方法适用于总体分布较为集中的情况。

四是系统抽样。按照一定的间隔或规则从目标总体中抽取样本。这种方法适用于总体规模较大且分布均匀的情况。

按照选定的方法执行抽样过程，并确保抽样过程中保持客观性和随机性。在特殊情况下，可能需要对样本进行替换或调整权重以确保调查的准确性和代表性。如果某些被调查者无法联系到或拒绝参与调查，可以考虑替换这些样本，以确保样本量的充足。还可以根据被调查者的特征或重要性，可以为其分配不同的权重，以更准确地反映总体的特征和需求。

## 六、培训与安排调研员

### （一）确定调研团队

在会展项目调研时需根据项目规模和复杂程度，确定需要的调研员数量和角色。主要角色包括负责整体协调和管理的团队负责人、负责数据收集和分析工作的主要调研员以及协助主要调研员进行数据收集和初步整理的辅助调研员。

### （二）全面的培训

组织全面的培训课程，这包括介绍项目背景与目标、详细讲解调查工具的使用方法、传授有效的沟通与提问技巧、模拟实际调查场景进行练习、强调数据记录的准确性和保密性要求，以及提高职业道德与法律法规意识，确保调研员能够专业、高效且合乎规范地完成调查任务。

### （三）分配任务

在分配任务时需根据调研对象的地理分布，合理分配调研员的工作区域，给每位调研员明确各自的职责和任务，确保每个人都知道自己在调查过程中工作内容，以及如何与其他团队成员协作。还要制定详细的时间表，确保调研工作按计划进行。

### （四）监督与反馈机制

建立有效的监督机制，定期检查调研员的工作进展，并提供必要的指导和支持。建立反馈机制，调研员能够及时反馈遇到的问题和困难，并根据反馈和数据分析结果，不断优化调研方法和流程。

## 七、制定时间表

合理安排调查时间，确保在预定的时间内能够完成调查工作。要考虑调查各个环节所需的时间，并留出适当的缓冲时间以应对可能出现的意外情况。

在项目启动与准备阶段，需确定项目启动日期，并预留足够的时间进行项目准备，包括团队组建、资源调配等。

在数据收集阶段，需根据数据收集方法（如问卷调查、访谈等）的复杂性和预计的响应时间，为数据收集设定合理的时间范围。并考虑可能出现的延误，如被调查者响应时间长、数据收集工具需要调整等，预留缓冲时间。

在数据处理与分析阶段，主要估算数据清洗、整理、编码和初步分析所需的时间。同时考虑数据处理的复杂性和可能遇到的技术难题，确保有足够的时间进行问题解决。

在报告撰写与审阅阶段，要根据报告的详细程度和复杂度，为报告撰写设定时间。预留时间进行报告的审阅和修改，以确保报告的质量和准确性。

最后，在项目结束前，安排时间进行项目总结，评估项目的成功与否，并收集反馈意见。还可以在整个时间表中设置关键节点，以便跟踪项目进度并确保按计划进行。

### 八、制定经费预算

会展市场调查的预算主要由人力资源成本、数据收集成本、数据处理分析成本和其他杂项费用组成。

人力资源成本包括项目团队成员的工资、奖金和福利等费用。如果需要外部咨询或专家支持，也要将其费用纳入预算。

数据收集成本需根据数据收集方法（如在线调查工具、电话访谈、面对面访谈等），计算相关的费用。此外还要考虑被调查者的激励费用，如礼品、奖金等。

数据处理与分析成本中，需估算购买或租赁数据处理和分析软件的成本，以及可能需要的外包服务费用，如数据清洗、统计分析等。

此外还需要预留一定的预算用于应对不可预见的支出，如设备故障更换、临时增加的数据收集点等。

最终汇总所有费用项，形成总预算并制定资金筹措计划，确保项目资金按时到位。通过详细规划预算分配,可以最大程度地减少项目成本超支的风险。

## 第四节　会展市场调查分析与总结

### 一、调查数据整理

完成调研数据的收集后，需要对收集到的原始数据进行整理、清洗，以提取有用的信息。数据整理主要是对数据集进行初步的组织和格式化，确保数据的一致性和可用性，具体内容见表 2-1。

通过数据整理，可以大大提高数据集的质量和准确性，为后续的数据分析提供可靠的基础。同时，数据整理也是一个需要细致和耐心的工作，需要根据实际情况灵活选择合适的处理策略。

表2-1 调查数据整理

| 步骤 | 内容 |
| --- | --- |
| 数据排序 | 对于收集到的数据，可以通过按时间先后、数值大小或特定规则（如地区、类别）排序，以分析趋势和识别分布 |
| 数据分类域分组 | 根据数据的属性或特征，可以将数据划分到不同的类别中。例如，在会展市场调查中，可以将参展商按照行业、规模或参展历史进行分类 |
| 数据拆分 | 根据分析需求，可能需要将数据拆分成不同的子集进行分别研究。例如，可以将会展数据拆分为不同的行业子集或地区子集 |
| 清洗 | 检查并纠正或删除错误的数据条目，处理缺失值、重复项、异常值等问题。清洗的目的是保证数据的质量和准确性 |
| 标准化 | 将数据格式统一，使之符合预设的标准。例如，将日期格式统一为 YYYY-MM-DD 形式，或者将文本输入转换为一致的大小写形式 |
| 转换 | 将数据转换为适合分析的格式。这可能包括编码分类数据为数字值，或将文本数据转化为可用于自然语言处理的形式 |

## 二、调查数据分析

会展市场调查中的数据分析涉及多个层面的工作，旨在从收集的数据中提取有价值的信息，支持会展策划与管理决策。在会展市场调查工作中，数据分析需要注意以下几点。

（1）明确分析目标。在开始设定数据分析之前，首先要明确分析的目标，包括了解市场需求、客户行为、竞争态势等。明确目标有助于更加聚焦地选择合适的数据分析方法。

（2）选择合适的数据分析技术。根据分析目标，选择适合的数据分析技术。这些技术包括描述性统计分析、相关性分析、回归分析、聚类分析、因子分析、质性分析等。例如，如果分析目标是了解参展商和观众的行为模式，可以采用聚类分析来识别不同的群体特征。

（3）数据可视化策略。数据分析时，需要考虑将分析结果以直观、易懂的方式呈现出来。数据可视化是一种有效的手段，可以通过图表、图像等形式展示数据分析结果，帮助决策者更好地理解数据并做出决策。

（4）验证与调整分析结果。在实际应用过程中，可能需要对初步设定的数据分析方法进行验证和调整。这可以通过对比不同方法的分析结果、参考行业标准或专家意见等方式来实现。

（5）考虑数据安全和隐私保护。确保在分析过程中遵守相关法律法规，保护被调查者的个人信息和隐私安全。

## 三、撰写调查报告

### （一）市场调查报告特点

一个高质量的会展市场调查报告应当结合上述特点，为会展行业的相关利益者提供有价值的洞察和实用的指导。

会展市场调查报告的特点体现在以下几个方面。

1．针对性

会展市场调查报告应针对特定的研究主题或对象（如特定地区的会展市场、某一类型的会展等）展开详细分析，确保信息对需求者具有实际意义。

2．时效性

由于市场环境不断变化，会展市场调查报告需要及时提供最新数据和分析，反映当下的市场动态和发展趋势。

3．客观性

会展市场调查报告应基于客观数据和事实进行分析，报告中的数据应当准确无误，分析方法科学合理，结论可靠。避免主观臆断和个人偏见，以确保报告的公正性和权威性。

4．实用性

会展市场调查报告不仅需要提供现状描述和趋势分析，还需要提出具体的建议或策略，如指导会展主办方如何改进服务、吸引更多目标客户等实际操作建议。

5．前瞻性

会展市场调查报告应具有一定的前瞻性，预测未来的发展趋势，并据此提出相应的应对措施，帮助会展决策者提前做好准备。

### （二）市场调查报告结构

撰写会展市场调查报告是一个系统化的过程。报告结构清晰，具有良好的逻辑结构，通常包括摘要、引言、方法论介绍、数据分析、结论和建议等部分，便于阅读者快速抓住重点。调查报告内容不仅要总结调查的主要发现，还需要提供有价值的洞察和建议。

1．报告封面和目录

（1）封面。包含报告标题、调查时间、调查机构或团队名称、调查负责人、提交日期等基本信息。

（2）目录。列出报告的主要章节和页码，方便读者快速定位内容。

2．摘要

简明扼要地概述报告的主要内容，包括研究目的、主要发现和建议。

3．正文

调查报告的主体部分，可详细介绍调查背景、目标、方法与过程、调查结果与分析。

其中，调查的方法与过程包括所采用的研究设计（如定性或定量研究），数据收集的方式（如问卷调查、深度访谈、焦点小组讨论等），样本的选择标准以及样本量的确定。此外，还说明了数据处理和分析的具体方法和技术工具。

调查结果与分析部分是正文的主体，通过文字叙述配合图表、图形等可视化工具，清晰地呈现出调查数据，并对这些数据进行深入解读，揭示了数据背后的趋势、规律和关联性。这部分内容通常会细分成若干个小节，每个小节集中讨论一个特定的主题或发现。

4．结论与建议

基于调查结果和分析，得出明确的结论，并针对会展活动提出具体、可行的建议。结论部分可用简洁而明晰的语言对调查前所提出的问题作明确的答复。有时，调查的课题较小，结论和调查结果也合并在一起呈现。

5．附录与参考文献

（1）附录。包含调查问卷、原始数据表格、补充材料等支持文献。

（2）参考文献。列出在调查过程中引用的所有资料和文献。

### （三）撰写时的注意事项

1．语言简洁

确保报告语言清晰、简洁，避免行业术语和复杂的表达方式，便于理解。

2．逻辑严密

组织报告内容，使其具有清晰的逻辑结构，分析要有条理，结论要有据可依。

3．视觉辅助

充分利用图表、图像和统计数据来增强报告的可读性和说服力。

4．突出重点

在报告中突出最重要的发现和建议，避免冗长和不必要的细节。

5．合理建议

基于调查结果提出建议时，要谨慎考虑可行性，确保建议既有针对性又能实施。

## 实例精粹

河北省 S 县关于会展经济赋能高质量发展的调研

实例精粹

河北省 S 县关于会展经济赋能高质量发展的调研

# 第五节　会展市场调查中的伦理与法律

在会展市场调查工作中，必须严格遵守相关法律法规，确保调查活动的合法性与正当性。同时，调查过程中的伦理规范也同样不容忽视，应遵循诚实、公正、尊重等基本原则。法律与伦理的双重保障，是维护行业良好秩序的重要基石。

## 一、调查过程中遵守法律法规

### （一）遵守个人信息保护法规

在会展市场调查中，经常需要收集与会者、参展商或观众的个人信息。在此过程中，必须严格遵守相关的个人信息保护规定。

1．个人信息最小化收集

个人信息最小化收集的核心原则是“最小必要”，在收集个人信息时，应限制在达到特定目的所需的最小范围内。如在设计调查问卷时，尽量减少对个人敏感信息的收集，如身份证号、银行账户等。只收集与市场调研目的直接相关的信息。通过遵循最小化原则，组织可以在满足业务需求的同时，尽可能地减少对个人隐私的侵犯。

2．匿名化处理

匿名化处理是一种数据处理技术，旨在移除或修改个人身份信息，使得处理后的数据无法用来与任何个人关联到一起。这种方法主要用于数据挖掘和分析过程中的隐私保护。在最后的会展市场调查报告中，只使用匿名化的数据，以确保个人隐私不被泄露。

3．告知义务

在调查开始前，明确告知被调查对象信息收集的目的、使用方式和范围，并获得其明确同意。这有助于保障其知情权和选择权。

### （二）尊重知识产权

会展市场调查中可能涉及各种形式的知识产权，如商标、专利、著作权等。调查人员应尊重并保护这些知识产权。在调查中使用的所有资料、图片和数据等，必须确保已获得原作者的授权或许可。避免在调查报告中直接引用或复制他人的研究成果，除非已获得明确的引用授权。

### （三）遵守商业道德和公平竞争原则

会展市场调查往往涉及商业竞争和利益冲突，调查人员应遵守商业道德和公平竞争原则。保持客观中立的立场，不因个人利益或偏好而影响调查结果的公正性。不泄露任何可能损害竞争对手利益的信息，维护市场的公平竞争环境。在调查过程中，不采取任何不正当手段获取竞争对手的商业机密或敏感信息。

### （四）数据安全和隐私保护

遵循数据安全和隐私保护的规定，确保在会展市场调查中收集的数据得到妥善保管，如采用数据加密技术、严格数据访问控制等，防止数据泄露或被非法获取。在调查结束后，依法妥善处理收集到的个人信息，不得非法出售或提供给第三方。

在会展市场调查中，遵守法律法规是确保调查活动合法性和有效性的基础。调查人员应时刻牢记这些法律法规要求,并在实践中切实加以遵守和执行。

## 二、调查过程中的社会责任

在会展市场调查中，必须深刻认识到会展行业作为社会经济活动的一部分，其运作过程中应充分展绿色环保、可持续发展的理念，并在市场调查的实践中融入这些重要的价值观。

### （一）绿色环保理念的实践

考虑到会展活动对环境的影响，调查过程中应当倡导和实践绿色会展的理念，应尽量减少纸质工具的使用，推广电子化调查工具，以降低资源消耗和环境影响。利用电子邮件、即时通信软件和云存储服务分发调查资料，减少打印需求。

### （二）可持续发展的实践

市场调查应不仅关注当前的会展项目需求，还要预测未来市场趋势，为会展行业的长期发展提供科学依据。在规划会展项目时，应考虑其对地方经济、社会和环境的长期影响，力求实现可持续发展。

### （三）社会责任与商业利益的平衡

在追求会展项目的经济效益的同时，必须考虑到社会责任。在完成市场调查后，应将调查结果整理成报告。通过公开透明的方式分享研究过程中发现的关键趋势、模式以及潜在的改进措施等信息，为行业内外的相关人士提供宝贵的参考资源，促进经验的广泛传播和应用，推动整个行业水平和竞争力的提升。

## 融思贯通

本章系统介绍了会展市场调查需求、会展市场调查内容和方法、会展市场调查设计与实施、会展市场调查分析及总结、会展市场调查中的伦理与法律等内容。

其一，本章探讨了会展市场调查的需求，指出了会展市场需求调查的主体，阐明会展市场需求的方向，精准认识会展市场调查求对于会展策划至关重要。

其二，本章聚焦于会展市场调查的内容与方法，市场调查的内容包括宏观市场环境调查、行业状况调查、客户需求调查、竞争对手调查等多个方面，要围绕会展需求开展相应内容的市场调查。为获取真实有效的市场信息，介绍了问卷调查、访谈法、观察法、实验法和德尔菲法等调查方法，这些方法为获取真实有效的市场信息提供了有力工具。

其三，本章探讨了会展市场调查的设计与实施，为确保调查结果的可靠性和准确性，首先需要明确调查目的，设定调查内容并界定调查范围。接下来，在选择合适的调查方法后进行样本抽样，并做好人员培训与安排、时间规划和经费预算。每一步都需要精心策划和执行，以确保调查活动能够系统化、规范化地推进，最终获得高质量的调查数据。

其四，本章介绍了会展市场调查的分析与总结，详细说明了数据整理过程以及数据分析的重点。此外，还阐明了调查报告的特点与撰写结构，并指出了撰写过程中需要注意的事项，以确保报告的准确性和实用性。通过这些步骤，可以使调查结果得到有效呈现。

其五，本章探讨了会展市场调查中的伦理与法律问题，提醒调查者必须尊重和保护被调查者的隐私和数据安全，同时重视知识产权的保护。此外，还强调了会展行业应展现其社会责任，践行绿色环保和可持续发展的理念。这些不仅是法律的要求，更是会展行业持续健康发展的基石。

1. 会展市场调查在会展策划过程中的作用是什么？为什么了解市场需求对会展的成功至关重要？

2. 比较问卷调查、访谈和观察法三种调查方法的优缺点。在实际操作中，你会如何选择合适的调查方法？

3. 设计一份会展市场调查方案时，需要考虑哪些关键因素？

4. 撰写会展调查报告时，其结构通常应包括几个部分，需要注意哪些事项？

5. 讨论在会展市场调查中，如何合规地进行数据收集和处理以避免法律风险。

## 展技实操

### ➢ 实训目标

通过本次实训，使学生能够掌握会展市场调查需求辨析、内容确定、方法选择、方案设计及实施，以及市场调查分析的基本方法和技巧，培养学生市场调研能力、数据分析能力、创新思维和团队协作能力。

### ➢ 实训内容与步骤

一、会展市场调查需求实训

1. 实训任务：确定会展市场调查的具体需求。

2. 实训步骤：

目标定位分析：选择城市一个展会项目，分析会展项目的目标和市场定位。

需求确认：确定需要了解的市场信息，如调查顾客需求等。

二、会展市场调查内容和方法实训

1. 实训任务：确定调查内容，选择合适的市场调查方法。

2. 实训步骤：

确定调查内容：根据市场调查需求，确定具体的调查内容，如参展商和专业观众的满意度。

选择调查方法：根据调研内容和目标群体特点，选择合适的调查方法，如问卷调查、访谈、观察法等。

三、会展市场调查设计与实施实训

1. 实训任务：设计并实施会展市场调查。

2. 实训步骤：

设计调查工具：根据调查目的，设计调查问题或访谈问题，确保问题能够准确反映调查需求。

确定调查样本：选择适当的调查对象，如参展商、专业观众。

人员培训与分工：对调查团队进行培训，根据调查职责进行分工。

制定时间表：制定合理的调查时间表，列出调查实施过程的工作节点，按照时间有序推进调查。

四、会展市场调查分析与总结实训

1. 实训任务：分析会展调查数据并撰写总结报告。

2. 实训步骤：

数据收集整理：对收集到的数据进行初步整理，包括数据的清洗、转换、校验等。

数据的分析：采用合适的方法，对整理过的数据进行分析。

撰写调查报告：有逻辑地撰写专业调查报告，并提出合理化建议。

五、会展市场调查中的伦理与法律

1. 实训任务：确保市场调查过程符合伦理和法律要求。

2. 实训步骤：

学习法律法规：了解并学习相关的市场调研伦理规范和法律法规。

审查调查流程：审查市场调查设计过程中是否存在伦理或法律问题。

规范开展调查：实施过程中，规范调查行为，确保被调查对象的隐私和数据安全，尊重知识产权。

践行环保理念：推广使用电子化调研工具。

➢ **实训要求**

学生应积极参与实训环节，认真完成调查过程。

实训成果应体现市场调研能力、数据分析能力、创新思维和团队协作能力。

实训结束后，学生应提交完整的调研报告和实训报告。

➢ **实训评价**

教师根据学生在实训过程中的表现、任务完成情况和报告质量进行综合评价。

市场调研能力：评价调研设计与数据收集各环节的合理性，以及所使用工具和技术的有效性；确保收集的数据既全面又翔实，并且与调研目标高度相关。

数据分析能力：评价处理数据的规范性，包括准确使用统计软件进行数据分析，从复杂的数据集中提炼出有价值的信息，并据此形成合理的结论。评价分析过程中逻辑思维的严密性和批判性思考的能力。

团队协作：依据小组成员之间的个人贡献度、沟通协调能力和合作精神进行评估。

调研报告质量：根据调研报告的完整性、条理性以及表达清晰度进行打分。调研报告可展示分析结果，并基于数据分析提出可行的建议或解决方案。

实训成绩将计入课程总评，反映学生在会展市场调查的综合能力。

## 本章习题

### 一、单选题

1. 会展市场调研的首要步骤是：（　　）

A. 确定调研目的　　B. 收集数据

C. 分析数据　　D. 提出调研报告

2. 会展市场调研中，不属于定性调研方法是：（　　）

A. 深度访谈　　B. 焦点小组

C. 电话调研　　D. 专家访谈

3. 会展市场调研中，收集数据的目的是：（　　）

A. 了解市场现状　　B. 分析市场趋势

C. 指导企业决策　　D. A 和 B

4. 以下哪个不是影响会展市场的宏观因素？（　　）

A. 政策法规　　B. 经济环境

C. 社会文化　　D. 气候变化

5. 会展市场调研中，以下哪个环节需要关注样本的代表性？（　　）

A. 设计问卷　　B. 收集数据

C. 分析数据　　D. 提出调研报告

6. 以下哪个不是会展市场调研报告的撰写要求？（　　）

A. 结构清晰　　B. 数据准确　　C. 语言生动　　D. 结论明确

7. 会展旅游市场调研中，以下哪个方法适用于收集参展商满意度信息？（　　）

A. 问卷调查　　B. 实地观察　　C. 网络调研　　D. 专家访谈

## 二、多选题

1. 会展市场调研的目的是：（　　）

A. 了解市场现状

B. 发现市场机会

C. 评估市场风险

2. 会展市场调研中，调研问卷设计时应该注意：（　　）

A. 题目简洁明了

B. 避免引导性问题

C. 题目之间逻辑性

## 三、判断题

1. 在会展市场调研中，数据分析只是对收集到的数据进行简单的整理。（　　）

2. 会展市场调研报告的结论应该基于数据和事实，避免主观臆断。（　　）

3. 在会展市场调研中，参展商的数量是衡量会展成功与否的唯一标准。（　　）

习题答案

第三章

# 会展项目立项与主题策划

## 思维导图

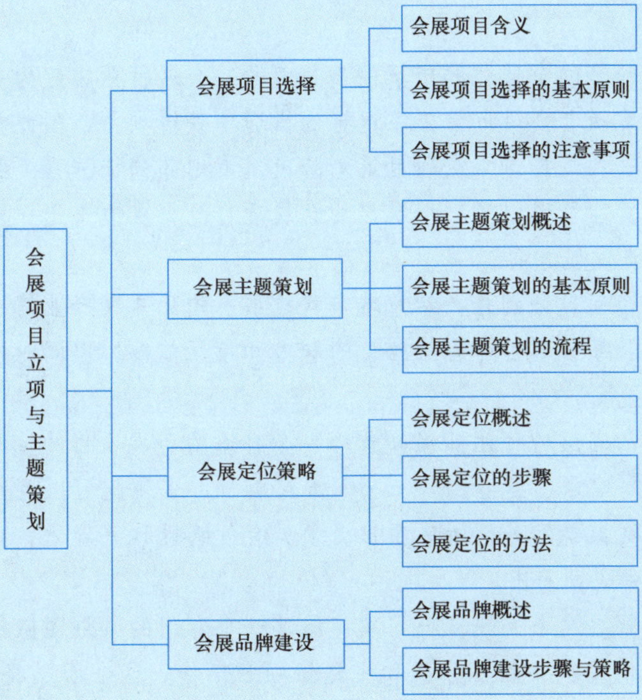

## 学习目标

- 熟悉会展项目选择的基本原则，能够进行一定的行业市场研究分析对项目选择提供决策支持
- 掌握会展主题策划的原则与方法，能够按照策划流程，进行与会展项目匹配的主题策划
- 熟悉会展定位的方法，能够根据市场环境和结合项目本身，利用科学方法进行市场定位
- 掌握会展品牌构成及建设策略，具备会展品牌建设的意识

## 开篇导引

随着经济的全球化和市场的日益竞争，会展行业崛起为一个快速发展的产业。某知名公司也希望在这样的机遇中获得利益，因此希望寻找一个会展项目进入该赛道。在项目策划阶段，策划部分根据当下经济与市场发展情况一次性呈现出了三个潜在的会展项目，需要慎重选择以确定公司下一步的重点发展方向。

这三个项目分别是：智慧城市科技展、国际健康产业博览会和未来教育装备展。每个项目都有其独特的魅力和市场前景，但同时也伴随着一定的风险和挑战。

公司的高层管理团队深知选择一个合适的会展项目的重要性。他们需要考虑市场需求、行业趋势、公司战略目标、资源配置以及团队能力等多个因素。更重要的是，所选项目必须具有创新性和差异化，才能在激烈的市场竞争中脱颖而出。

为了解决这个问题，公司决定组建一个专门的策划团队，负责进行更深入的市场调研、项目分析和主题策划等工作。这个团队将由市场专家、行业分析师和创意策划师组成，他们将通过系统的数据分析和专业的市场洞察，为公司高层提供全面而准确的决策支持。

随着策划工作的深入开展，各种信息和数据不断汇聚到团队手中。他们发现，虽然每个项目都有其独特的优势和市场前景，但也都存在着一定的风险。如何在这些项目中做出明智的选择，成为摆在公司面前的一道难题。

# 第一节 会展项目选择

## 一、会展项目含义

项目是会展策划中反复提到的词汇，“项目”一词使用场景非常广泛，从国家规划到企业决策，都会接触到各类项目。一般而言，项目是为创造独特的产品、服务或成果而进行的临时性工作。它具有明确的目标，通常受时间、预算、资源和其他限制条件的约束。

而会展项目是指在一定的时间、空间和资源范围内，为了达到特定目标而策划、组织并实施的，涉及会议、展览、节事等集体性活动的项目。这些活动旨在传递和交流信息，促进经济、文化、科技等领域的交流与合作。在会展项目的实施过程中，需要充分考虑项目的目标、市场需求、资源条件、风险因素等，制定合理的策划方案和实施计划，确保项目的顺利进行和目标的成功实现。同时，会展项目管理也是一门重要的技能，涉及项目策划、组织管理、市场营销、财务管理等多个方面，对于提高会展项目的质量和效益具有重要意义。

## 二、会展项目选择的基本原则

微课

会展项目的筛选原则

会展项目选择是会展策划的起点和基石，它决定了会展活动的方向、内容以及最终可能达到的效果。一个恰当而富有创意的会展项目，不仅能够吸引行业内外的关注，还能有效推动相关产业的发展，提升举办城市或地区的知名度和经济影响力。因此，在进行会展策划之初，对项目进行科学、系统的选择显得尤为重要。选择会展项目需要遵循一些基本原则。

### （一）市场导向原则

在选择会展项目时，首要原则是以市场为导向。策划人员需深入了解目标市场的需求及其发展趋势，时刻关注行业动态、消费者偏好及竞争对手的战略布局，识别具有市场潜力和吸引力的项目。通过这样的市场化选择机制，会展活动不仅能更精准地对接市场需求，还能更有效地吸引参与者，从而实现商业上的成功。

### （二）创新性原则

要想在竞争激烈的市场中脱颖而出，创新必不可少。在选择会展项目时，策划人要注意项目的独特性、新颖性。可以通过引入新主题，改变展示方式，增强互动体验、实施先进技术手段来达到这个目的。创新项目不仅可以吸引更多人的关注和参与，对提升展会活动的品牌形象和市场竞争力也具有重要的促进作用。

### （三）可行性原则

在选择会展项目的过程中，可行性是一个不可或缺的考量因素。会展策划者需全面评估项目的各项实施条件，如场地状况、资金投入、人员配置及技术支持等方面，以确保所选项目在实际操作中的可行性。此外，会展策划者还需仔细规划项目的时间表和进度安排，以防因资源匮乏或条件限制而造成项目失败或延期。

### （四）效益性原则

衡量会展项目是否成功的一个重要指标，是项目所产生的效益情况。会展策划者要充分考虑项目的经济效益和社会效益。经济效益主要体现为会展活动带来的收益及投资回报率的提高；而社会效益将涉及品牌知名度的提高、对行业影响力的扩大以及为公共利益做出的贡献等。此外，在注重追求效益的同时要关注项目所带来的风险与收益之间的平衡关系。

**实例精粹**

**中国国际服务贸易交易会**

实例精粹

中国国际服务贸易交易会

## 三、会展项目选择的注意事项

### （一）注重产业发掘与选取

会展项目要立足并服务于产业，恰当的产业题材不仅能够有效吸引目标参展商和观众的参与，还能够促进相关产业的发展，为地区乃至国家带来深远的经济效益和社会效益。在初选产业时，有三个方面的因素尤其值得关注：本区域的优势产业和主导产业、国家或本地区重点发展的产业以及政府扶持的产业。

1．首要因素：本区域的优势产业和主导产业

本区域的优势产业和主导产业是指在该地区内拥有明显竞争优势、完善产业链和高度企业集聚的产业。选择优势产业和主导产业作为会展题材，具有诸多优势。首先，这些产业在当地具有较强的市场影响力和知名度，能够有效吸引行业内外的关注和参与。其次，优势产业和主导产业往往拥有较为完善的产业链和配套服务，为会展的举办提供了有力的支撑和保障。最后，通过会展的举办，可以进一步推动这些产业的发展，提升地区产业的竞争力和品牌形象。

例如，某地区在电子信息产业领域拥有强大的实力，拥有一批知名企业和先进的技术研发能力。选择电子信息产业作为会展题材，不仅可以充分展示该地区在电子信息领域的最新技术成果和创新产品，还能够吸引全球范围内的电子信息企业参与交流与合作，推动当地电子信息产业的持续发展。

2．重要考量：国家或本地区重点发展的产业

国家或本地区重点发展的产业是政府根据经济发展战略和规划确定的需要优先发展的产业。这些产业通常具有创新性、高技术含量、高附加值和高成长性等特点。选择国家或本地区重点发展的产业作为会展题材，具有重要的战略意义和市场前景。首先，这些产业往往代表着未来经济发展的方向和趋势，具有广阔的市场前景和商业机遇。其次，政府对这些产业的支持力度较大，包括政策扶持、资金投入等方面，为会展的举办提供了有力的支持和保障。最后，通过会展的举办，可以加速这些产业的技术创新和市场拓展，推动产业的快速发展和壮大。

以新能源汽车产业为例，随着全球能源结构的转变和环保意识的提高，新能源汽车产业迎来了前所未有的发展机遇。某地区紧跟国家发展战略，将新能源汽车产业作为重点发展领域之一。选择新能源汽车产业作为会展题材，可以汇聚全球范围内的行业精英和创新资源，共同探讨新能源汽车产业的未来发展趋势和技术创新方向，为当地新能源汽车产业的快速发展注入新的动力。

3．不可忽视的因素：政府扶持的产业

政府扶持的产业是指政府为了促进某些特定产业的发展而给予特殊支持和帮助的产业。这些产业可能是新兴产业、需要保护的传统产业或者具有地区特色的产业。

选择政府扶持的产业作为会展题材，同样具有重要意义。首先，政府对这些产业的扶持力度较大，包括财政补贴、税收优惠、技术支持等方面，为会展的举办提供了有力的政策支持和资金保障。其次，政府扶持的产业往往具有独特的市场优势和发展潜力，能够为参展商和观众提供更多的商业机会和合作空间。最后，通过会展的举办，可以进一步提升这些产业的知名度和影响力，

吸引更多的投资和关注，推动产业的快速发展和壮大。

以某地区的农业产业为例，政府为了推动当地农业的发展和提高农民收入水平，出台了一系列扶持政策和措施。选择农业作为会展题材，可以充分展示当地丰富的农业资源和独特的农产品优势，吸引更多的采购商和投资者关注当地的农业发展情况。同时，政府还可以借助会展平台宣传当地的农业政策和措施，吸引更多的合作伙伴关注并参与到当地的农业发展中来。

### （二）基于市场调研与分析

市场调研与分析为项目选择提供了科学依据，确保决策的合理性与可行性。这包括对目标市场规模的精确评估，以便了解潜在客户数量和市场需求量；同时，还需要深入研究市场的增长趋势及动态变化，以预测未来发展方向并及时调整策略。此外，对市场中主要参与者及其竞争格局的详尽分析也是必不可少的，它有助于识别竞争对手的优势与弱点，为会展策划者制定有效的市场进入或扩张策略奠定基础。通过这些综合性的调研工作，会展策划者可以更好地定位自身产品或服务，在激烈的市场竞争中占据有利地位。

### （三）重视可行研究与预测

在初步筛选出符合运营战略目标、行业发展需求以及市场需求的会展项目之后，需要对拟组织运营的项目进行更为详尽、细致的分析与评估，确保所选项目具备高度的可行性和成功概率。这涵盖了对项目运营模式的深入探讨，还涉及技术实施方案的具体细节。同时，需要明确各项资源的有效分配与利用，包括人力、物力和财力等，从而保证项目的顺利推进。此外，还需对项目的盈利前景进行客观评估，分析其成本效益比，确保投资回报率符合预期。通过对上述各方面的进一步确认，可以为会展项目的成功实施奠定坚实的管理与操作基础，减少不确定因素带来的风险，提高项目的成功率。

### （四）评估风险和挑战

在会展项目的选择过程中，对选定项目进行全面的风险和挑战评估至关重要。这不仅能帮助会展策划者更清晰地预见项目实施过程中可能遭遇的各种问题和困难，如市场波动、技术障碍、竞争加剧以及不可抗力因素等，而且还能为制定有效的风险应对策略提供坚实的基础。因此，这种评估不仅能够增强项目执行过程中的灵活性和适应性，还能确保项目的顺利推进和成功落地。值得注意的是，风险评估并不是一次性的任务，而是一个持续的过程。在项目实施的不同阶段，应当持续监控风险状态的变化，并根据实际情况灵活调整应对策略和措施。通过这样全面且持续的风险评估与管理，主办方能够更加精准地评估项目的可行性和盈利潜力，从而为管理层的决策提供强有力的支持。

## 第二节　会展主题策划

### 一、会展主题策划概述

#### （一）会展主题策划定义

会展主题是指贯穿整个会展活动的核心思想或概念，它是连接参展商、观众与主办方的纽带，通常体现为一个鲜明的口号及一系列相关联的活动内容。会展主题策划是指在筹备会展活动时，根据市场需求、行业趋势以及会展目标，为活动确定一个明确、具有吸引力的主题，并围绕这一主题进行全方位的策划和设计工作。这个过程涉及对主题的构思、选择、定位以及相关的活动策划，旨在确保会展活动的内容、形式和风格与主题紧密相连，形成一个协调统一的整体。

#### （二）会展主题策划的重要性

1．打造差异化定位

在如今会展行业竞争激烈的环境下，一个鲜明且独特会展主题能够使本会展活动在众多同类型会展中脱颖而出，实现差异化竞争。通过主题的精准定位，能够清晰地传达出会展活动的专业性和针对性，从而提升活动的市场影响力。

2．吸引目标受众

在信息时代，受众的注意力是稀缺资源，一个富有吸引力的主题能够迅速抓住目标受众的眼球，提高活动的曝光度和参与度。通过深入研究市场和目标受众，策划出既贴合行业趋势又具有独特性的主题，可以有效吸引特定领域的专业人士和潜在客户，强化会展的市场定位，提升本会展活动在行业内的辨识度和影响力。

3．引领行业发展

一个前瞻性的会展主题能够反映行业的最新动态和未来发展趋势，为参展商和观众提供有价值的市场信息和行业洞察。这种引领作用有助于提升会展活动的专业性和权威性，吸引更多行业内人士的关注和参与。

4. 助力品牌建设

主题策划也是品牌建设的重要手段，通过与品牌理念的深度融合，不断强化品牌识别度，建立和维护良好的品牌形象。长远来看，对品牌忠诚度的培养和市场份额的拓展有着不可估量的价值。

## 二、会展主题策划的基本原则

### （一）目标导向

目标导向是会展主题策划中的首要原则，在策划中必须首先确定会展活动的核心目标，这些目标可能涉及品牌宣传，行业交流或产品销售等方面的内容，而主题的策划必须紧紧围绕着这些目标进行。主题策划的目标导向有利于保持会展活动的集中性和针对性，从而保证活动不偏离主旨或过于分散。由于有清晰的目标作为指引和导向，主题策划更有可能达到活动的预期效果。

### （二）创新性

创造一个新颖且独特的主题能够为活动增添亮点，不仅有助于吸引人们的注意力，还能增加活动的趣味性和互动性，使活动在激烈的市场竞争中脱颖而出。这样的创新有助于塑造会展品牌的独特形象，并提升其在行业内的知名度与竞争力。因此，会展策划者需要具备创新思维，敢于打破传统思路，提出与众不同的主题概念，以此来强化活动的吸引力和品牌影响力。

### （三）实操性

实操性是指会展主题在实施过程中的可行性和便利性。会展策划者在构思主题时，必须考虑现有资源、场地条件、预算限制等实际因素，确保主题能够在现有条件下得以顺利实施。通过遵循实操性原则，会展策划者可以制定出更为合理且高效的实施计划，降低潜在风险，确保活动的顺利进行。

### （四）一致性

一致性要求会展主题与活动的整体风格、宣传策略等方面保持高度统一。这意味着会展主题需贯穿整个活动策划的各个环节，确保所有方面协调一致，从而传递出清晰且统一的信息，为参观者带来连贯的体验。遵循这一原则，不仅有助于强化会展活动的品牌形象，提升信息传达的效果，还能加深参与者对活动的整体印象，进而提高品牌的认知度。

微课

会展主题策划流程

## 三、会展主题策划的流程

在市场调研与分析的基础上，主题策划有以下几个步骤。

### （一）主题概念的形成

确定创意灵感的来源，可以从当前社会热点、科技发展趋势、文化传承与创新等多个方面寻找灵感。团队需要保持敏锐的洞察力，及时捕捉和把握这些灵感，为展览主题注入新鲜血液。

### （二）主题概念的提炼和升华

团队在收集到丰富的创意灵感后，需要对其进行深入的分析和提炼，形成既符合市场需求，又独具魅力的主题概念，这个题目要能让目标观众产生共鸣，并促成其参与的热情。

### （三）主题名称确定与阐释

首先，确定主题的名称。主题名称是会展活动的第一印象，它需要简洁明了、易于记忆，并能够准确传达会展活动的核心信息。团队需要通过多次讨论和修改，最终确定一个既符合主题概念又具有吸引力的名称。

其次，对主题理念进行阐释。主题理念是会展的灵魂，它需要明确表达会展活动的价值观和追求的目标。策划团队需要对主题理念进行深入的阐述，以便引导后续的活动策划和宣传推广。在上海世博主题的产生过程中，主办方进行了大量的市场调研，包括对国际趋势的分析、对往届世博会主题的比较研究，以及对中国乃至全球发展趋势的深入考察，并在调研过程中，收集了来自政府、学术界、企业及公众等多方面的意见和需求，最终“城市，让生活更美好”这一主题逐渐浮现，此主题不仅强调了城市作为人类生活中心的地位，还提出了城市应如何通过合理规划、科技创新、文化融合等措施来提升居民的生活品质。这一主题不仅成为上海世博会的灵魂，也成为推动全球城市可持续发展的重要理念。

实例精粹

“新时代，共享未来”——首届中国国际进口博览会

## 实例精粹

**“新时代，共享未来”——首届中国国际进口博览会**

# 第三节 会展定位策略

## 一、会展定位概述

### （一）会展定位的定义

“定位”一词最初由营销学大师艾·里斯和杰克·特劳特提出，是指在目标顾客心中占据独特而有价值的位置。其核心集中于市场定位及差异化优势，市场定位是根据目标市场的需求和竞争情况，为产品或服务设定一个独特的位置，而差异化优势是指在同一行业中，通过提供独特的产品或服务来脱颖而出。

会展定位一般指在会展项目策划与实施初期，通过对市场环境、目标受众、竞争对手及自身资源的深入分析，明确会展的核心价值、特色以及在市场中的位置，从而在目标受众心中构建独特且有利的形象识别过程。会展定位是整个会展策划与运营的基石，直接影响到会展的成功与否及长远发展。

### （二）会展定位的重要性

1．明确活动方向与目标

会展定位首先为整个活动明确了方向和目标。在策划阶段，一个清晰的定位可以帮助组织者确立活动的核心焦点，从而确保所有策划和执行工作都围绕这一核心展开，保证了活动的连贯性和专业性。

2．确定目标受众

准确的会展定位有利于确定目标受众，并对之进行有效吸引。无论是参展商还是观众，他们都倾向于参与与其兴趣和专业背景高度相关的会展。对目标人群进行精准定位，会展将能更有效地对目标人群进行吸引，从而在提高活动的参与度和影响力上取得更好的成绩。以中国国际数码互动娱乐展览会（ChinaJoy）为例，它以游戏动漫电子竞技等数字娱乐领域为定位对象，通过举办电竞赛事 Cosplay 大赛等活动，以年轻受众群体为重点关注对象，因而成为亚洲地区最具有影响力的数字娱乐会展之一。因此，对会展进行准确的定位和吸引目标受众，对于提高会展的参与度和影响力，具有十分重要的意义。

图 3.1　2024 中国国际数码互动娱乐展览会（ChinaJoy）

3．提升品牌影响力

会展不仅是展示产品和技术的平台，更是展示品牌形象和价值观的窗口。恰当的会展定位能够凸显活动的独特性和价值，进而提升相关联的品牌形象。对于参展商而言，这意味着可以通过参与这样的活动来增强自身在行业内的知名度和信誉。例如，独立于世界五大车展之外的上海国际汽车工业展览会，其定位在于展示全球最新的汽车技术和设计趋势，尤其强调智能化、电动化和网联化等未来汽车发展方向。通过邀请全球顶级汽车制造商和科技企业参展，该展会成功打造了一个展示汽车工业前沿科技成果的国际化平台。

4．促进产业交流与合作

明确的会展定位能够吸引更多的专业人士和企业参与，从而为他们提供一个交流与学习的平台，这对加强产业内部联系及推动整个产业的创新与发展具有积极的促进作用。以北京国际设计周为例，该展会聚焦设计与文化科技的跨界融合，尤其强调将中国传统文化与现代设计理念相结合，以打造独特的文化设计品牌。与一般的设计展会不同，北京国际设计周更注重设计的社会责任和文化价值，通过展览、论坛和工作坊等多种形式，促进了设计创新与社会进步之间的对话，在产业内产生了积极的影响。

5．提高资源利用效率

明确的会展定位还意味着资源的高效利用。从策划到执行的各个环节，都能够对资源进行更加精确的投放，避免浪费，确保每一项投入都能产生最大化的效益。这包括在场地布置、策划实施、宣传推广以及嘉宾邀请等各个方面对各类资源的有效运用。

## 二、会展定位的步骤

微课

会展定位步骤

要成功地定位会展活动，需要进行一系列精心设计和执行步骤，这些步骤不仅包括深入的市场调研，还涉及确定目标客户群以及制定差异化战略等关键环节，具体如下图所示。可借助这些步骤，从零开始构建出极具吸引力和影响力的会展活动，实现会展的成功定位与成功举办。

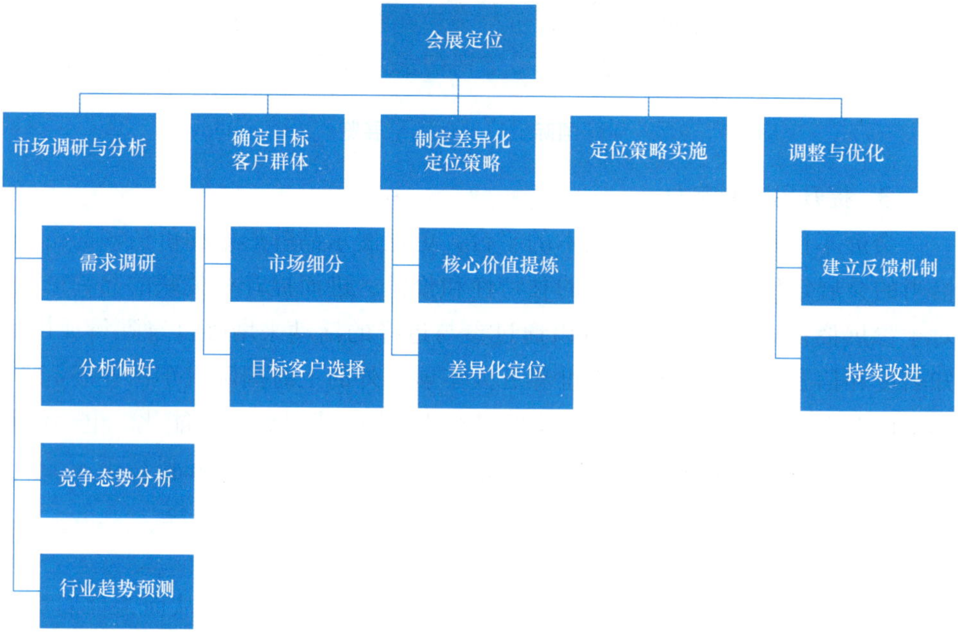


图 3.2　会展定位的步骤

### （一）市场调研与分析

1．需求调研

需要综合运用多种调研手段来了解潜在顾客的需求，包括采用网络数据分析等现代技术手段，对目标人群的行为进行跟踪分析，以实现对市场定位的精准把握。

2．分析偏好

基于大量的数据分析，深入了解目标市场对不同类型的会展、主题及活动的接受程度和偏好，这些分析结果将为后续的会展定位提供重要的参考依据。

3．竞争态势分析

了解同类展会的数量、特征、规模及市场占有率，有助于项目找到自身的定位，避免与实力强大的竞争者直接竞争。同时，通过对竞争者优势与劣势的分析，可以发现差异化竞争的机会，从而制定出更为有效的战略。

4．行业趋势预测

密切关注行业发展动态，通过各种渠道获取行业信息，包括行业报告、专家分析以及市场动态等，及时捕捉并预测未来趋势，对于确保会展定位的前瞻性至关重要。

### （二）确定目标客户群体

1．市场细分

基于调研结果，将市场细分为多个具体的客户群体。例如，可以将观众细分为专业观众和普通消费者，或者根据行业、地域、职位等维度进行细分。

2．目标客户选择

评估每个细分市场的潜力和吸引力，选择最具潜力的细分市场作为主要目标客户群体。同时，也可以确定次要目标客户群体，以扩大市场覆盖面。

### （三）制定差异化定位策略

1．核心价值提炼

首先，明确会展项目能为参展商和观众提供的核心价值。例如，创新技术展示、专业程度、行业影响力等。强调这些核心价值，有助于塑造独特的品牌形象定位。

2．差异化定位

差异化可以通过多个维度实现，如服务、体验、主题或技术应用等方面。例如，如果会展项目的核心价值之一是“创新技术展示”，那么可以考虑将会展打造成一个引领行业技术趋势的平台，邀请业内领先的科技公司展示最新的研究成果和技术解决方案。

### （四）定位策略实施

定位策略的实施可以从多方面入手，如通过精准的市场营销和宣传活动，在目标受众中建立清晰的品牌形象；选择与会展定位相匹配的参展商，并提供支持以强化会展的独特性；优化参观体验，创造互动环节，使观众能够直接感受到会展项目的独特魅力。通过这些综合措施，确保会展项目的差异化定位深入人心，提升会展的整体质量和影响力，吸引更多的参与者并实现长期的成功。

#### （五）调整与优化

1．建立反馈机制

持续收集参展商和观众的反馈意见，并根据分析结果及时对定位作出适当调整，确保会展定位的有效性和竞争力。这可能涉及重新定位目标客群、优化活动内容或改进营销推广方式等手段。

2．持续改进

市场环境千变万化，必须对行业动态和市场趋势保持高度敏感，并持续不断地进行学习与改进，以及时调整战略并始终保持定位的前瞻性和实效性。

### 三、会展定位的方法

#### （一）SWOT 分析

SWOT 分析是一种常用的战略分析工具，包括分析优势（Strengths）、劣势（Weaknesses）、机会（Opportunities）和威胁（Threats）。在会展定位中，SWOT 分析能帮助会展策划者深入了解会展活动的内外部环境，为制定精准的定位策略提供重要依据。

优势分析：明确会展活动在资源、经验、品牌等方面的优势，如专业的组织团队、丰富的行业资源、成功的举办经验等。这些优势是会展活动的核心竞争力，也是吸引目标客户的关键因素。

劣势分析：识别会展活动运营可能存在的不足，如场馆设施陈旧、服务质量不高、宣传推广力度不够等。针对这些劣势，会展策划者需要制定改进措施，提升会展活动的整体品质。

机会分析：关注行业发展趋势、市场需求变化以及政策支持等方面带来的机遇。例如，随着某个新兴行业的快速发展，相关会展活动将迎来巨大的市场需求。会展策划者需要敏锐捕捉这些机会，及时调整会展定位，以满足市场需求。

威胁分析：警惕竞争对手、政策法规、经济环境等可能对会展活动产生不利影响的因素。例如，竞争对手可能通过提供更优质的服务或更低的价格来抢占市场份额。会展策划者需要对这些威胁进行预警和防范，确保会展活动的稳定发展。

通过 SWOT 分析，会展策划者可以全面了解会展活动的内外部环境，为制定科学、合理的定位策略提供有力支持。

### 实战解析

#### ××国际绿色建筑展览会定位（SWOT分析法）

■ 优势（Strengths）

• 主办方在绿色建筑领域有着深厚的行业经验和广泛的联系网络。

• 会展已成功举办几届，建立了良好的品牌认知度和行业信誉。

• 积累了大量高质量的建筑师、设计师、开发商和政府机构的数据库。

■ 劣势（Weaknesses）

• 由于经济层面变化，会展的预算可能受到压缩，影响招展和营销活动。

• 绿色建筑技术迭代迅速，难以跟上最新趋势，可能导致展品陈旧。

• 会展地点可能不便某些海外参展商和观众，影响国际参与度。

■ 机会（Opportunities）

• 各国政府加大对绿色建筑的扶持力度，提供税收减免和补贴。

• 随着环保意识的提高，绿色建筑材料和服务的需求逐年增加。

• 利用数字化工具，如虚拟现实（VR）和增强现实（AR），为无法亲临现场的参与者提供在线体验。

■ 威胁（Threats）

• 国内和国际市场上出现了多个类似的绿色建筑展览会，争夺参展商和观众。

• 新兴的建筑技术和材料可能未被充分发掘，对现有参展内容构成挑战。

• 全球经济波动可能影响参展商的投资能力和观众的出行预算。

基于以上SWOT分析，××国际绿色建筑展览会将重新定位为一个集行业领导力、数字化创新、全球视野和可持续发展于一体的高端平台。通过强化品牌专业性、利用数字技术突破地域限制、聚焦绿色建筑的最新趋势和政策对接，会展旨在成为全球绿色建筑领域最具影响力的年度盛事，吸引顶级参展商和专业观众，引领行业发展，促进国际交流与合作。

### （二）区域特色定位

会展项目的区域特色定位是将会展与举办地的独特资源相结合，以此来区分会展项目，使其在众多同类活动中脱颖而出。区域特色优势，可以为会展项目定位提供坚实的基础和支持，使其自然占据竞争优势。

会展策划者需要深入研究会展所在地的文化、历史、产业基础、自然资源等方面的特色。在充分了解这些背景的基础上，可以更有针对性地制定会展定位。例如，依托当地的特色产业，如高科技园区、文化创意产业、农业深加工等，策划专题展览、研讨会或行业论坛，展现当地的产业实力和发展潜力。

这种定位不仅有助于在竞争激烈的市场环境中脱颖而出，还能促进当地文化的传播与发展，为会展项目带来长期的竞争优势，同时推动地方经济的多元化发展和文化传承。

### （三）价值主张定位

价值主张即简洁明了地表达出会展活动的核心价值和特色，它是一个会展项目区别于其他同类项目的根本原因，也是吸引参与者的关键因素。价值主张通常包含会展项目的独特卖点。

策划者需要深入挖掘会展活动的优势资源，提炼出具有吸引力的价值主张。这个价值主张应该与目标客户的需求和期望相契合，能够突出会展活动的专业性、创新性或行业影响力等方面的特点。如上海国际汽车工业展览会的价值主张可以表述为“汽车行业的风向标、新车发布的首选平台、技术创新的展示窗口”，有助于在竞争者中脱颖而出。

同时，价值主张还需要通过有效的传播渠道进行推广和宣传，让更多人了解和认同会展活动的价值。例如，可以在宣传海报、广告标语或社交媒体等平台上明确展示价值主张，吸引潜在客户的关注和参与。

总之，明确的价值主张有助于提升会展活动的品牌形象和知名度，吸引更多目标客户的关注和参与。会展策划者需要注重提炼和传播价值主张，为会展活动的成功举办奠定坚实基础。

### （四）功能定位

功能定位决定了会展活动所提供的核心服务和特色功能，是吸引参展商和观众的重要基础。功能定位目标客户能够快速理解并认识到参加会展活动的实际好处，进而在特定领域内建立起专业形象，满足目标客户的特定需求。

会展策划者需要深入分析会展活动的主题和目标客户，明确会展活动所要实现的核心功能。这些功能可能包括产品展示、技术交流、商务洽谈、信息发布、合作签约等。例如，对于医疗器械展这种专业性较强的行业会展，其功能定位可以侧重于展示最新的医疗器械产品和技术，立足于新技术的传播与推广，为参展商和观众提供一个专业的交流平台。

会展策划者还可以通过挖掘会展活动的独特卖点和优势资源来突出会展活动特色功能。如邀请行业知名专家进行演讲、设置特色展区、组织专业论坛等。这些特色功能能够增强会展活动的吸引力，提升参展商和观众的满意度。

同时，会展策划者还需要通过有效的宣传和推广，将功能定位传达给目标客户，让他们了解会展活动的核心服务和特色功能，从而增加参展和观展的意愿。

**实例精粹**

**“中国文化第一展”——深圳文博会的差异化策略**

实例精粹

“中国文化第一展”——深圳文博会的差异化策略

## 第四节　会展品牌建设

### 一、会展品牌概述

#### （一）会展品牌定义

品牌，简而言之，是一个名称、符号、设计或是它们的组合，用于识别一个销售者或销售者群体的商品或服务，并使之与竞争对手的商品或服务区分开来。在更深层次上，品牌代表着一种承诺、一种信誉，以及一种消费者可以信赖和依赖的价值体系。品牌不仅仅是产品或服务的标识，它更承载着企业文化、质量承诺和消费者情感联系等多重意义。

会展品牌是指会展组织或特定会展项目在市场上形成的独特标识和声誉，它涵盖了会展的名称、标志、口号、主题、理念以及会展所提供的服务和体验。在会展行业中，会展品牌不仅仅是一个符号或名称，更像是一张名片，是会展价值、承诺和品质的体现，是会展与其参与者之间情感联系和信任的纽带。

### （二）会展品牌的构成

#### 1. 识别性：独特性与记忆点

会展品牌的识别度是其在众多同类活动中脱颖而出的关键所在，而独特的品牌标识，易于记忆的名称以及一致的视觉风格，能够迅速吸引目标受众的目光，并给他们留下深刻印象。比如，在色彩运用上用鲜明的对比来突出品牌的特色，在Logo设计上运用创新的理念和与会展主题密切相关的视觉元素等，从而有效提升品牌的可识别度，使之在潜在参展商和观众的心智中占有一定的位置，促进品牌回想，并为后续的市场推广和口碑传播打下坚实基础，因此会展品牌在营销上具有重要意义。

#### 2. 信誉度：信任与口碑

会展品牌的公信力，是参展商和观众信赖的源泉，建立在一个长期的积极评价和成功的历史上。由于以往成功的案例和积极的反馈为参与者提供了信心保证，一个信誉良好的会展品牌可以减少参与者的疑虑，促进报名决策。此外，高公信力还能激发口碑传播，满意的展商和观众会主动分享他们的正面经验，吸引更多潜在的参与者参与到活动中来，这种建立在信任基础上的口碑效应是任何营销策略都无法取代的。

#### 3. 品质保证：服务质量与体验期望

会展品牌直接关联到服务标准和质量承诺，是参展商和观众期望值的体现。品牌在此扮演了质量担保的角色，参展商通过品牌选择会展，期待获得高效的商业对接、高质量的潜在客户群以及良好的参展体验，这些都是他们商业回报的直接来源。对观众而言，品牌则意味着丰富且有价值的内容展示、专业的组织管理以及愉快的参观经历。品质保证是会展品牌能够长期吸引忠实参与者的关键。

#### 4. 差异化：市场细分与特色定位

在目前同质化竞争日趋加剧的会展市场里，品牌塑造成为取得竞争优势的关键所在。品牌塑造的差异化，既体现在会展内容的创新与特色活动的策划上，又体现在对特定细分市场需求的准确把握上，为特定目标群体提供量身定制的解决方案，从而在目标受众心中建立独特的品牌形象，在避免直接价格竞争的同时，使品牌价值与市场吸引力得到提升。

综上所述，会展品牌的核心在于高识别力、高信誉度和品质保障，以及差异化的构成要素。每一个环节都是塑造品牌影响力、提高市场竞争力中不可或缺的部分。对会展品牌核心构成要素的精心策划与持续优化，能够使会展品牌在竞争激烈的市场中获得成功并长期保持领先地位，从而实现可持续经营与发展的目标。

## 二、会展品牌建设步骤与策略

### （一）明确品牌定位

决定品牌在目标市场中占有独特地位和竞争优势的品牌定位是品牌建设的根本。会展的主题、目标受众、市场需求、竞争对手等因素，都是确定品牌定位时需要考虑的因素。通过对市场的深入调研与精准分析，发现会展品牌的差异化价值，从而建立品牌的独特定位。

### （二）设计品牌形象

会展品牌形象的设计是会展品牌在外界给人留下的第一印象，包括品牌名称、标志、视觉识别系统等元素。品牌形象的设计要着重考虑创意与独特性，使品牌标识易于辨识和记忆，同时保持品牌形象的一致性与稳定性，帮助其在受众心中形成深刻的印象，以增加品牌在市场中的竞争力。

### （三）制定品牌传播策略

品牌传播是会展品牌建设的关键环节，在制定品牌传播策略时应充分考虑到利用各种传播渠道和媒体资源，包含传统媒体、行业网、新媒体渠道等。通过发布新闻稿、举办新闻发布会、参与行业活动等方式，提高会展品牌的曝光度和知名度。此外，还可以与知名企业或机构进行合作，共同推广会展品牌，扩大品牌影响力。

### （四）提升品牌体验与服务

会展品牌的成功与否，很大程度上取决于参展商和观众的满意度。因此，会展品牌建设需要与提升品牌体验与服务联系起来，要提供优质的现场服务，包括便捷的参展流程、完善的设施条件、专业的咨询解答等。同时，要关注参展商和观众的需求，及时回应他们的反馈和建议，不断改进和优化服务质量。

### （五）持续创新与维护品牌

会展品牌建设是一个持续过程，要密切关注市场动态和行业趋势，及时调整品牌定位和传播策略。同时，要加强与参展商和观众的互动与交流，了解他们的需求和期望，以便更好地满足他们的需求。此外，还要加强品牌保护，防止侵权行为的发生，确保会展品牌的独特性和权威性。

## 实例精粹

实例精粹

“珠海航展”的品牌化成长之路

### “珠海航展”的品牌化成长之路

## 融思贯通

本章系统介绍了会展项目立项与主题策划的关键环节和策略，包括会展项目的选择、主题策划、定位策略以及品牌建设。

其一，本章探讨了会展项目的选择原则和注意事项，强调了市场需求、行业趋势、公司资源、风险挑战等因素在项目选择中的重要性。一个成功的会展项目不仅要有明确的市场需求和盈利模式，还要与公司的战略目标和资源能力相匹配。

其二，本章聚焦于会展主题策划。主题是会展项目的灵魂，一个鲜明、有吸引力的主题能够提升会展的吸引力和影响力。在主题策划过程中，组织方需要考虑行业热点、市场需求，以及创新元素的融入，确保主题既具有时代性又具有前瞻性。

其三，本章介绍了会展定位策略。定位是会展项目在市场中的独特身份和竞争优势的体现。通过明确的目标市场定位、区域特色定位、价值主张定位以及功能定位，组织方可以确保会展项目在激烈的市场竞争中脱颖而出。

其四，组织方探讨了会展品牌建设的重要性、步骤和策略。品牌是会展项目的无形资产，它代表着项目的品质、信誉和承诺。通过品牌建设，组织方可以提升会展项目的知名度和美誉度，进而增强项目的竞争力和可持续发展能力。

1. 请结合本章内容，谈谈你对会展项目选择与主题策划之间关系的理解。在实际操作中，如何确保所选项目与主题策划的契合度？

2. 主题策划是会展项目成功的关键之一。请思考，在确定会展主题时，如何平衡行业热点与观众需求？请给出你的建议或方案。

3. 定位策略在会展项目中起着至关重要的作用。请分析一个成功的会展项目定位案例，并总结其成功的关键因素。

4. 品牌建设是会展项目长期发展的基石。请结合你所在地区的实际情况，探讨如何有效地进行会展品牌建设，并提出相应的改进措施或建议。

## 展技实操

### ➤ 实训目标

通过本次实训，使学生能够掌握会展项目立项、主题策划、定位策略以及品牌建设的基本方法和技巧，培养学生的市场分析能力、创新思维和策划实践能力。

### ➤ 实训内容与步骤

一、会展项目选择实训

1. 实训任务：分析区域内市场趋势，选择一个具有潜力的会展项目领域。

2. 实训步骤：

收集市场数据：通过网络搜索、行业报告等方式收集与会展行业相关的市场数据。

分析行业趋势：整理并分析收集到的数据，识别行业发展趋势和潜在机会。

确定项目领域：基于市场分析和行业趋势，选择一个充满潜力的会展项目领域。

二、会展主题策划实训

1. 实训任务：针对所选的会展项目领域，进行主题策划。

2. 实训步骤：

确定目标受众：明确会展项目的目标受众群体。

提炼主题概念：结合行业热点和目标受众需求，提炼出吸引人的主题概念。

创意构思活动：设计与主题相关的创意活动和展示内容。

三、会展定位策略实训

1. 实训任务：制定所选会展项目的定位策略。

2. 实训步骤：

目标市场定位：明确会展项目面向的目标市场和市场细分。

功能定位：确定会展项目提供的核心功能和附加价值。

价值主张定位：凝练独特卖点，确定会展项目的价值主张。

四、会展品牌建设实训

1. 实训任务：构建并推广所选会展项目的品牌。

2．实训步骤：

品牌命名与标识设计：为会展项目命名，并设计相应的品牌标识和视觉识别系统。

品牌传播策略：制定品牌传播计划，包括广告、公关、社交媒体等多种渠道。

品牌体验管理：规划会展现场的品牌体验，确保参展商和观众能够感受到品牌的价值和承诺。

➢ **实训要求**

学生应积极参与实训环节，认真完成每项任务。

实训过程中应注重团队协作，发挥集体智慧。

实训成果应体现市场分析能力、创新思维和策划实践能力。

实训结束后，学生应提交完整的实训报告和策划方案，并对策划方案进行汇报。

➢ **实训评价**

教师根据方案可行性与创新性、实训过程中的参与度和团队合作、报告质量与汇报效果进行综合评价。

方案可行性：根据会展项目选择的合理性以及布主题、定位、品牌相关策划的适配性进行评分。

创新能力：评价策划方案的独特性和新颖性。

团队协作：依据小组成员之间的个人贡献度、沟通协调能力和合作精神进行评估。

报告质量：根据实训报告的完整性、条理性以及表达清晰度进行打分。

现场表现：评估实训小组在成果展示过程中的汇报表现。实训成绩将计入课程总评，反映学生在会展策划领域的综合能力。

## 本章习题

### 一、单选题

1. 会展项目选择的市场导向原则要求会展策划者必须关注哪些方面？（ ）

A. 行业动态　　B. 消费者偏好

C. 竞争对手策略　　D. 所有以上选项

2. 会展项目选择的创新性原则强调的是项目的哪个方面？（　　）

A. 独特性和新颖性　　B. 传统和常规

C. 低成本和易实施　　D. 高风险和高回报

3. 在会展项目选择过程中，效益性原则主要关注项目的哪些方面？（　　）

A. 经济效益和社会效益　　B. 短期利润和成本控制

C. 社会影响和环境适应性　　D. 技术先进性和市场潜力

4. 会展定位的核心目的是：（　　）

A. 提高参展商的利润

B. 在目标顾客心中占据独特而有价值的位置

C. 降低会展成本

D. 增加观众数量

5. 在会展主题策划中，目标导向原则的主要作用是什么？（　　）

A. 增加活动趣味性　　B. 明确活动方向和重点

C. 减少资源浪费　　D. 提高参展商数量

## 二、多选题

1. 会展项目选择的基本步骤包括哪些？（　　）

A. 产业发掘与选取　　B. 市场调研与分析

C. 项目筛选与评估　　D. 可行研究与预测

2. 会展主题策划的流程包括哪些阶段？（　　）

A. 市场调研与分析

B. 主题概念的形成

C. 主题策划方案的制定

D. 主题策划方案的评估与优化

3. 在会展定位策略中，确定目标客户群体的步骤包括哪些？（　　）

A. 市场细分　　B. 目标客户选择

C. 营销推广策略　　D. 竞争态势分析

4. 会展品牌建设的步骤与策略通常包括哪些？（　　）

A. 明确品牌定位

B. 设计品牌形象

C. 制定品牌传播策略

D. 提升品牌体验与服务

5. 会展项目选择时，需要遵循的基本原则包括哪些？（　　）

A. 市场导向原则　　B. 创新性原则

C. 可行性原则　　D. 公益性原则

## 三、判断题

1. 会展项目管理是一门涉及项目策划、组织管理、市场营销、财务管理等多个方面的技能。（　　）

2. 会展项目选择的基本原则中不包括风险管理能力。（　　）

3. 会展定位一般在项目策划与实施的后期。（　　）

4. 会展主题策划的一致性原则要求会展主题与活动的整体风格在宣传策略等各个方面保持高度一致。（　　）

5. 会展品牌建设是一个持续的过程，需要持续创新与维护。（　　）

习题答案

# 第四章

# 会展场地选择与布局安排

## 思维导图

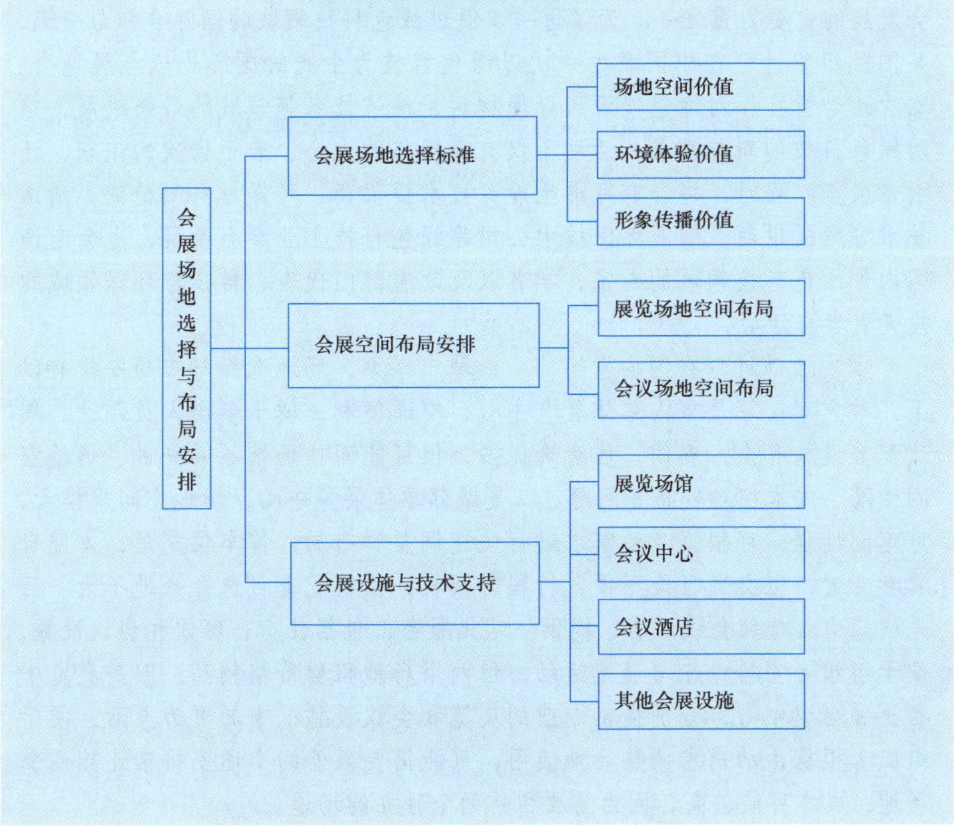

## 学习目标

- 掌握会展场地的选择标准，能进行科学合理的场地选择
- 熟悉会展空间布局安排，能设计高效有序的空间布局方案
- 了解会展设施及相关技术支持，能根据会展活动功能需要选择合适的技术设施设备

## 开篇导引

随着全球对可持续发展的重视日益增加，绿色科技成为推动经济和社会发展的重要力量之一。为了进一步促进绿色科技领域的国际合作与交流，某国际组织计划在中国举办一次以绿色科技为主题的国际论坛与展览会。本次活动旨在探讨绿色能源、环保材料、清洁技术等领域的最新进展，推动绿色科技创新与发展。活动不仅有高规格的大会、若干场次的论坛，还附带展览。届时，将会有可再生能源技术提供商、环保材料制造商、清洁技术方案提供商、智能环保技术公司等绿色科技企业参会参展，也会邀请国内外绿色科技领域的专家、学者以及政府部门代表、科技与环保领域的投资者参与活动。

本次活动计划在国内发达的一线城市举办，场地选择与布局安排有以下几种方案：一是市内单体展览中心，交通便利，便于参会人员到达，周边配套设施齐全，餐饮、住宿选择多，但可能面临场馆不够先进、场地空间受限、成本相对较高等问题。二是城郊单体展览中心，场地空间规模大，可定制性强，可根据活动需求进行快速调整和布局，停车位充足，方便自驾参会者，但交通可能不便，行程时间长，住宿配套可选择余地不大。三是展览中心毗邻会议酒店，提供一站式服务，包括住宿、餐饮和会议设施，便于组织者安排论坛与展览活动，但两个场地租赁价格较高。四是展览中心比邻会议中心，分别提供专业的展览和会议设施，布局更为灵活，便于组织者根据活动需求调整场地使用，可能需要额外的交通安排来连接两个场地，成本可能较高，因为需要租赁两个独立的场地。

基于上述分析，本次活动包括系列论坛和展会，规模较大，需要同时举办多项活动，且希望能够吸引更多的国内外参与者，因此需要综合考量确定选址方案。那么场地选择的标准是什么？空间布局该如何安排？需要考虑具备哪些会展设施和技术支持呢？

# 第一节　会展场地选择标准

会展场地是会展项目的实施空间，是一个活动价值的重要组成部分。一般而言，会展场地不仅具有空间价值，而且具有环境体验价值和形象传播价值。空间价值是任何一个会展项目都需要考虑的最基本因素，在此基础上，一个会展场地有极高的环境体验以及能契合项目品牌定位的形象传播价值，这样的会展场地能够极大地提升整个会展项目的吸引力和影响力。

微课

会展场地选择标准

## 一、场地空间价值

场地空间价值主要指场地的物理空间的可达性、实用性、功能性，提供的相关服务及成本效益。

### （一）地理位置

优越的地理位置方便会展参与者抵达，增强参与者的出席意愿。评估地理位置时，首要考虑场地的交通便利性。场地应靠近便捷的公共交通站点，如地铁站和公交站，并提供充足的停车设施。主要交通枢纽，如机场、火车站或长途汽车站的距离也很重要，这样可以方便来自外地的参与者轻松抵达。二是地理位置的象征意义，如果场地毗邻知名地标，可以增加活动的吸引力和知名度。三是考虑场地附近的人流量，大型会展活动最好选择避开极度繁华区域的场地，避免活动期间场地周围出现过度拥挤的情况，影响人员流动和紧急疏散，保证畅通性。

### （二）面积规模

选择会展场地时，应根据活动的类型和预期参与人数来确定合适的规模。理想的场地应该既能容纳所有参与者，又不至于显得过于空旷或拥挤。首先要考虑各活动区域的面积需求，且各区域之间有足够的通道，让参与者即使在人流高峰时段也能移动自如。同时，还应考虑预留一定的空间作为休息区、互动展示、媒体采访区、VIP 接待室等非活动区域，这些辅助功能区域同样重要，应该被纳入场地规模考虑之中。此外，空间布局的灵活性不容忽视，根据活动的不同阶段进行空间配置和调整，由此可以提高空间使用率，节省成本。

### （三）专业服务

一个理想的会展场地不仅在硬件设施上达标，也需在专业服务上提供保障。应从多个维度评估会展场地的专业服务。在客户服务方面，包括工作人员的专业素养、友好态度以及迅速响应和解决问题的能力。在技术支持方面，能提供稳定的通信技术和先进的多媒体设备，并确保所有设施如照明和空调系统的正常运行。此外，能够协助处理货物运输、存储等物流工作。安全保障也至关重要，需要有足够的安保人员和完善的紧急应对计划来保障活动的安全进行。如果会展活动涉及餐饮服务，则还需考量会展场地提供高质量餐饮的能力。

### （四）配套设施

为参与者创造一个舒适便捷的环境，确保会展场地附近拥有齐全的配套设施是非常重要的。衡量场地的配套设施应包括几个方面：一是多样化的住宿选择，多种类型和档次的住宿设施，无论是经济型酒店还是高档宾馆，可以满足不同参与者的需求。二是丰富的餐饮服务，不仅能满足差异化的用餐需求，而且能让参与者品尝到当地的特色美食，增加活动的乐趣。三是娱乐休闲设施，娱乐设施和休闲场所能够让参与者在忙碌的会展工作之余得到放松，如果能结合当地特色景点，更能丰富参会与者的体验。四是商业服务设施，诸如银行、便利店、商场等商业服务设施则确保了参与者的日常生活需求得到满足。

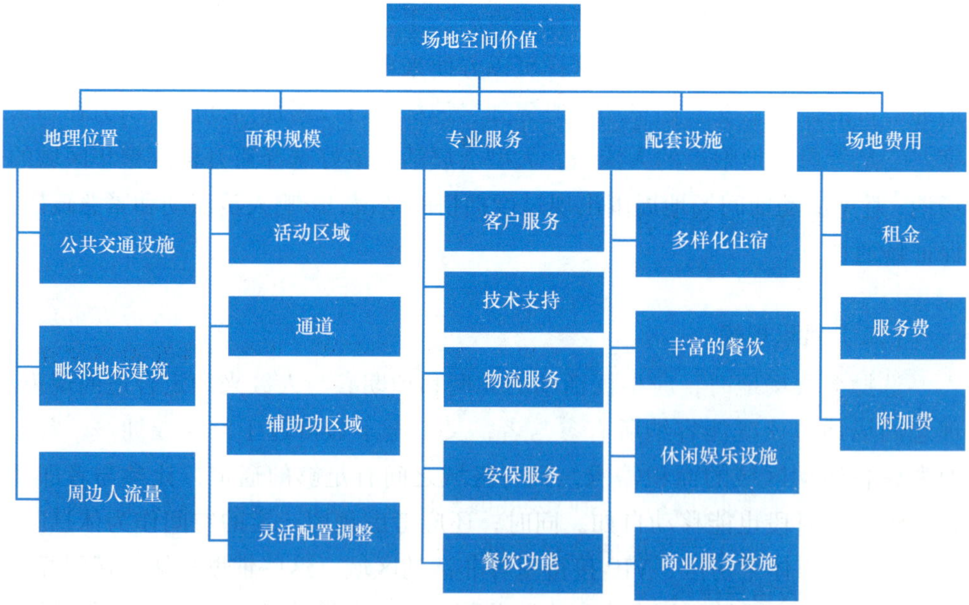


图 4.1 场地空间价值构成

### （五）场地费用

选择会展场地时，场地费用要在预算范围内，确保活动在经济上更加可行。场地费用通常包括租金、服务费以及其他可能产生的附加费用，这些都会直接影响到整个会展活动的成本预算。合理评估场地费用可以帮助主办方更好地控制成本，确保活动在财务上具有可持续性。此外，通过对不同场地的费用进行比较分析，主办方可以选择性价比最高的方案，既保证活动的质量，又避免不必要的开支。

## 二、环境体验价值

环境体验价值是指会展场地为参与者提供的感官体验和情感共鸣，这不仅体现在场地本身的美观度，还包括氛围营造、文化内涵等方面的考虑。在满足基本的空间价值之外，高品质的会展活动还会更加重视环境体验价值。从空间美观角度看，场地设计风格、色彩搭配、室内装饰和景观布置创造视觉冲击力，能给人以美感。从氛围营造视角看，音响设备和声学设计带来听觉上的舒适，清新宜人的空气和适度的香气营造出轻松愉悦的氛围，甚至精选美食配以美观的器物赋予味觉上的享受，这些元素共同作用，为参与者提供全方位的感官体验，从而加深他们对品牌的印象。从文化内涵的角度看，场地的文化背景和特色能够与活动品牌的核心价值相契合。例如，品牌注重传统与现代的结合，那么选择一个既保留了传统文化元素又融入现代设计理念的场地非常合适。总之，会展场地独特的环境体验，能引起参与者情感共鸣，能给参与者带来难忘的经历，增强会展活动记忆和情感联系。

## 三、形象传播价值

形象传播价值指的是会展场地能利于会展活动塑造品牌形象，并促进品牌的传播。主办方更高层的管理者更专注于通过场地的形象传播来强化品牌定位和提升企业形象。首先，场地的档次需要与会展活动或企业的市场定位相匹配，如高端的品牌应选择具有国际水准的场馆，以彰显其行业地位和社会影响力；其次，场地的设计风格和空间布局应当与品牌形象高度契合，无论是现代简约还是传统典雅，都需与整体品牌形象保持一致，从而加深参与者对品牌的印象；再次，考虑到活动的传播效应，场地本身应具备一定的知名度和良好的口碑，这不仅能够吸引更多的目标客户群体参与，还能借助场地本身的影响力为活动带来额外的关注度；最后，场地所蕴含的文化底蕴也是考量的重要因素之一，一个富有文化气息的场地能够让参与者在体验中感受到品牌的深度与广度，提升品牌的文化品位。综上所述，通过精心挑选与品牌价值相吻合的会展场地，可以有效地利用场地的形象传播功能，为会展活动宣传带来叠加效应。

**实例精粹**

2021 运动品牌李宁新品发布会

实例精粹

2021 运动品牌李宁新品发布会

## 第二节 会展空间布局安排

### 一、展览场地空间布局

微课

展览场地空间布局

展览会的空间布局通常会根据不同的功能需求被划分为多个区域，以下是一些常见的功能空间。

#### （一）接待导览区

观众进入展览场馆的第一功能区，通常包含接待台、信息咨询处、引导区。该区域的设计应简洁明快，方便参观者获取必要的信息和服务，如地图、宣传册等。引导区主要目的是为参观者提供展览的基本介绍和参观路线建议，这里可以设置一些互动屏幕或指示牌，帮助参观者了解整个展览的内容概览和亮点。

#### （二）主展区

展会中的主展区通常是整个展览的核心区域，集中展示了所有展品。根据展览的主题，主展区可以进一步细分为不同的子区域，每个子区域聚焦于特定或相似的产品。主展区主要是特装展位、标准展位、有组织的展团展位等。这些展位通过独特的布展设计、色彩搭配和照明效果在视觉上加以区分，从而吸引观众的注意力。

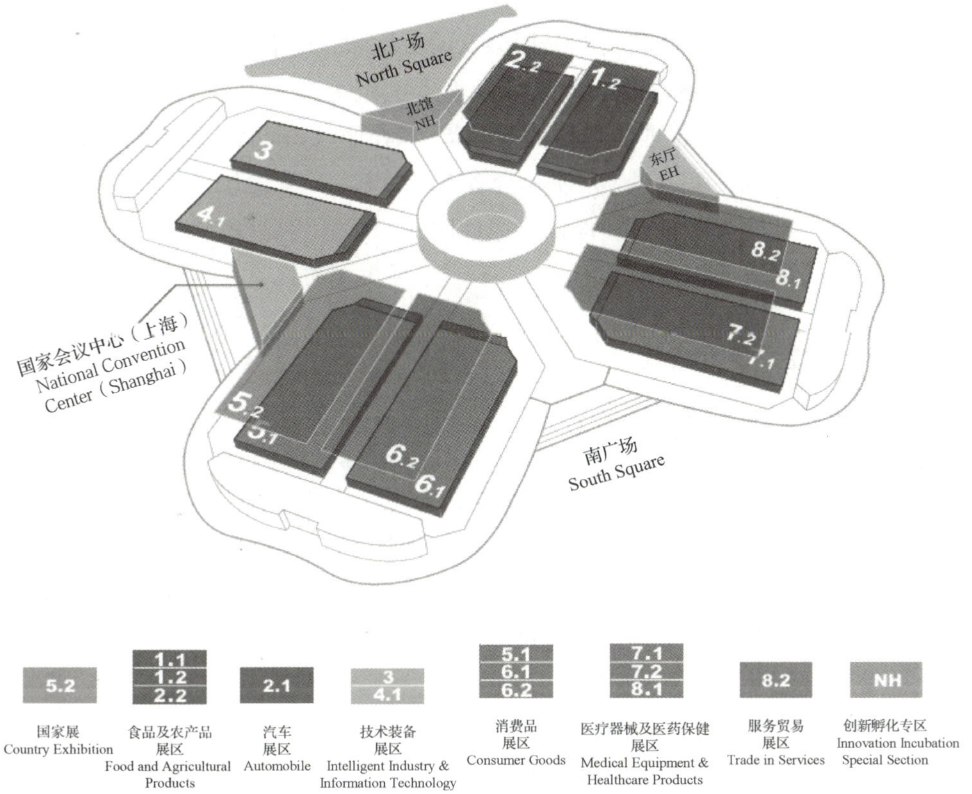


图 4.2　第七届中国国际进口博览会布局图

资料来源：第七届中国国际进口博览会企业商业展《参展商手册》（完整版）. https://www.ciie.org.

### （三）互动体验区

为了增强参与性和学习体验，许多展览会在特定区域设置互动体验区。这个区域通常采用各种技术和创意方法开展模拟体验、游戏、虚拟现实（VR）体验等，旨在让参观者更加深入地理解和感受展览的主题和内容。

## 实例精粹

### 第七届中国国际进口博览会主展区布局

实例精粹

第七届中国国际进口博览会主展区布局

### （四）会议区

展览中的会议区通常是为参与者提供一个可以进行交流、讲座或研讨会的空间。这类区域的设计和功能根据会议的主题和目的有所不同，但一般都要考虑适应不同会议类型以及会议人数来确定区域大小，为了支持各种演示需求，会议区通常会配备先进的音频视频设备，如投影仪、音响系统、LED 屏幕等，提供高速 Wi-Fi 或网络连接，方便与会者查阅资料、分享信息或远程参与会议。考虑到参与者可能需要长时间停留，因此座椅、灯光和温度控制等细节都要关注以确保舒适度。

### （五）休息区 / 洽谈区

在展会中，设置独立的休息区或洽谈区，是为参展商和参观者提供放松、交流信息或者进行商务洽谈的空间。这个区域的设计旨在创造一个舒适、安静且功能性强的环境，提供座椅与沙发、充电站设施、免费 Wi-Fi 等硬件设施，也可提供饮品与小食等商务服务，以便人们在展会活动中得到短暂的休息。同时，这样的区域还能够促进参展商与专业观众之间的非正式交流，有助于建立联系和增进彼此间的了解，以促进商贸合作。

### （六）采访间

一些大型展会中，通常还设有采访间，一个专门用于媒体采访、新闻发布、产品演示或直播访谈的空间。采访间应该设计成相对封闭的空间，以保证采访过程中的隐私性，配有舒适的座椅、高质量的照明设备，并根据展会的主题或参展商的品牌形象来布置背景。同时，采访间还需要提供稳定的高速网络连接，以支持现场直播或快速上传采访内容的需求。

此外，展会空间规划中，还应该考虑到人流控制，要预留出足够的内部通道，以避免拥堵，保证人流顺畅。展厅内应分别设置主、次通道，主通道宽度不应小于 5 米，次通道宽度不应小于 3 米，满足人员疏散宽度要求。

## 二、会议场地空间布局

会议场地的空间布局要结合会议活动进行功能划分，每个功能区空间足够且合理匹配，参会者从入口到各功能区的动线顺畅，有明确的指示牌。按照参会人员入场路径进行功能划分，主要包括以下几个功能区。

### （一）入口区

会议场地的入口区是参会者进入会议场地的第一印象所在，入口区应设有明显的标识，如指示牌。也可使用与会议主题相符的装饰，营造良好的第一印象，或设有主题背景墙，供参与者拍照留念。如果经费有限，也可直接去掉该区域。

### （二）签到区

会议签到区设置在入口处或靠近入口的地方，便于参会者直接找到。其功能是签到、发放资料包、咨询等。空间规划时，要确保签到区有足够的空间，避免拥挤，使参会者能够顺畅地完成签到流程。

### （三）主会场

主会场是整个会议活动的核心区域，通常是用来举行开幕式、闭幕式、主旨演讲、重要论坛以及其他重要会议活动的地方。主会场的设计和布局需要考虑容量与规模，必须有足够的空间来容纳预期的参会人数，并留出合适的座位间距和走道宽度。主会场一般包括以下功能区布局。

#### 1. 主舞台

会场的主舞台通常是会议、活动或表演中最为重要的区域之一。它不仅是演讲者、表演者与观众之间的互动平台，也是视觉焦点所在。主舞台或讲台的设计要醒目且容易被看到，可以根据会议活动的主题和风格来布置，以营造相应的氛围。

#### 2. 控制台

在大型会议中，设备控制台通常设置在靠近主舞台的位置，以便技术人员能够方便地进行操作和控制。为了确保足够的工作空间，控制台区域会被预留出一定的面积。此外，为了保持会场的整体美观，控制台周围通常会设置围挡。

#### 3. 观众席

根据参与人数和场地大小，合理安排布局形式，常见的座位布局形式包括剧院式、教室式、U 型、宴会式、鸡尾酒会式等。不同类型的布局形式，适用不同类型的会议活动，并能影响参与者的体验。如剧院式座椅面向主舞台排成一排排，适合演讲或报告形式的会议；宴会式使用圆桌或长桌，通常用于餐会，适合晚宴、年会等场合。

### （四）展览区

会议场地中的展览区是专门为展示产品、技术和服务而设置的空间。展览区内设有展位、展示墙和互动体验区等设施，参展商可以借此机会向目标客户群展示最新的产品和技术成果。

### （五）茶歇区

茶歇区是会议期间为与会者提供的休息和社交空间。这个区域通常布置得舒适宜人，备有饮品、甜点、水果等。与会者可以在茶歇时间内放松身心，享受美味的食物和饮料，同时与其他参与者进行非正式的交流和讨论，增进了解与合作。

### （六）媒体专访区

会议媒体专访区是专门为媒体记者和重要嘉宾安排的一个专用区域，用于进行一对一或小组形式的深度访谈。这个区域通常布置得相对私密且安静，配备专业的录音和摄像设备，以确保采访过程顺利进行。媒体专访区为嘉宾提供了展示观点和传播信息的平台，但并非所有会议活动都会设有媒体专访区，需要根据会议性质和需求进行调整。

# 第三节　会展设施与技术支持

会展设施是指用于举办各种会议、展览、演出等活动的场所及相关配套服务设施。广义上讲，会展设施不仅限于具体的场馆，还包括整个城市中与会展活动相关的所有公共设施。这里采用狭义概念，会展设施仅指实际用于会展活动的场馆及其内部设施。

## 一、展览场馆

### （一）展览设施

#### 1．室内展厅

室内展厅是展览中心的核心组成部分，通常由多个展厅组成，每个展厅都配备了先进的音响系统、照明控制设备以及灵活的展示装置，以适应不同类型展览的需求。展厅内部的设计充分考虑到空间利用效率，确保参观者能够顺畅地浏览各个展位。

2. 室外展场与广场

为了满足更大规模的展览或户外活动需要，展览中心还会设立室外展场及广场区域。这些区域通常用于举办露天庆典、大型产品展示或是户外会展活动，并且配备必要的基础设施以保障活动的顺利进行。

（二）展览辅助设施

1. 主入口与主大厅

作为参观者的第一印象区域，主入口通常设计得宽敞明亮，不仅用作进出通道，还兼备接待、咨询等设施或服务。主大厅内设有专门的工作间、贵宾休息室，安装大型电子显示屏设施，方便信息的发布和查询。

2. 独立展厅门厅（过厅）

每个独立展厅的入口处都会设置小型门厅或过厅，这里可以配置登记处或咨询点，同时也可配备休息区、公共饮水设施、展场导航指示牌等空间或设施，为参观者提供便利的服务。

3. 餐饮服务设施

为了确保参展商和参观者的饮食需求得到满足，有的展览中心内设厨房，外设餐饮区。在举行会展活动时，能够保障大量的人员同时用餐。

4. 展览工程制作场与仓库

展览中心还配备了专门的工程制作区域和仓库，用于布展工程的实施、展位搭建以及器材存储、展品的安全存放。这些设施确保了展览布置的专业性和高效性。

5. 商场服务设施

除基本的展览和服务设施外，展览中心还会设有商场区域，提供零售服务，如食品饮料销售点。此外，在休息区域也会设置一些售卖点，方便参观者购物和休憩。

6. 无障碍设施

考虑到特殊参观者的需求，展览中心会特别设置无障碍通道，如坡道、电梯、升降平台等设施，确保行动不便的人士也能轻松进入各个区域。

7. 停车场

为了解决参展商和参观者的停车问题，展览中心通常会配备位置充足且便利的停车场，包括地下停车场和地面停车场，确保车辆能够有序停放。

### （三）设备用房

1. 安全消防监控中心

确保整个展览中心的安全至关重要，因此会设有专门的安全监控中心，通过先进的视频监控系统和消防报警设备来监测整个区域的安全状况。

2. 中央空调机房

为了保持舒适的室内温度和湿度，展览中心会设置中央空调机房，确保展厅内的环境适宜各类活动的开展。

3. 通信和信息中心

随着信息技术的发展，通信和信息中心成为不可或缺的一部分，它负责展览期间的信息传输和数据处理工作，保证通信网络的畅通无阻。

4. 热源交换站

通过热源交换站实现能源的有效利用，保证展览中心的供暖和冷却系统的正常运行。

5. 发电机房

为应对可能发生的电力中断情况，展览中心会配备发电机房，以保证紧急情况下关键设施的供电。

6. 污水处理与变电站

展览中心设有污水处理设施，确保废水得到有效处理，而变电站则负责整个展览中心的电力分配。

7. 智能化中心

随着科技的进步，展览中心越来越多地采用智能化管理系统，包括智能照明、自动门控、智能停车系统等，从而提高管理效率和服务质量。

8. 物流仓储间

为了方便展品的运输和储存，展览中心还设有专门的物流仓储区域，确保货物的安全存放和及时配送。

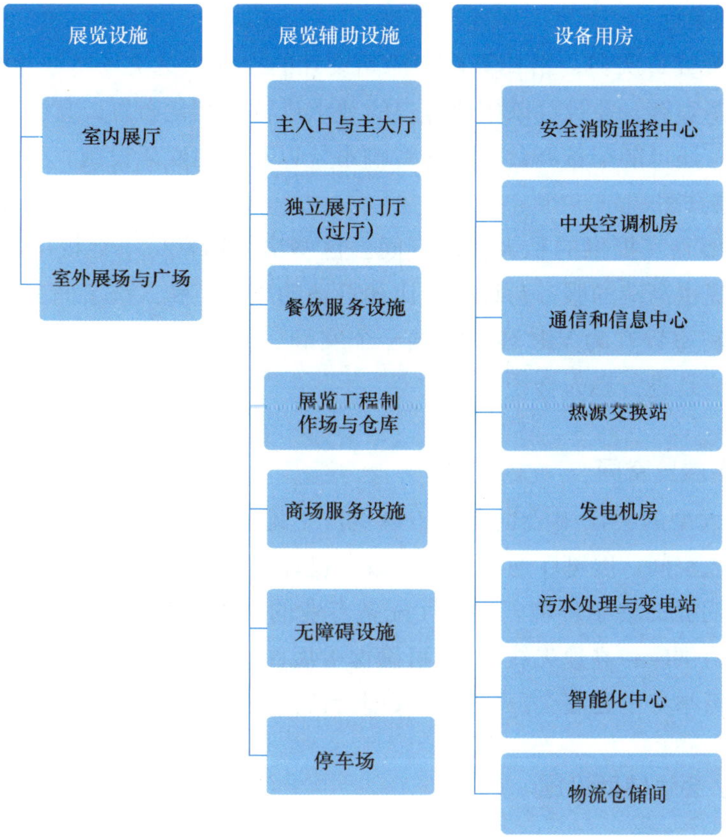


图 4.3　展览场馆设施

## 二、会议中心

### （一）会议设施

1. 会议室

会议室通常是较小到中等大小的空间，用于举行小型会议、研讨会或培训课程。它们可以根据需要进行灵活布置，如剧院式、教室式或 U 型。会议室一般配备基本的视听设备。

2. 多功能厅

这类空间往往面积较大，可容纳数百人至数千人不等，可以通过可移动隔断分隔空间，满足不同规模活动的需求。多功能厅适合举办大型会议、产品发布会、年会等活动，通常配备了更先进的技术设施和支持服务。

3．宴会厅

专为晚宴、庆典、婚礼等社交活动设计的空间。这类场所通常装饰豪华，能容纳较多宾客，并且可以按照客户的要求进行个性化布置。宴会厅除提供餐饮服务外，还可能配备舞台、灯光音响系统以及其他娱乐设施。

4．贵宾室

为重要嘉宾提供的私人休息空间。这些房间通常位于会议中心较为隐蔽的位置，提供高端的服务与设施，比如舒适的座椅、私人洗手间、专属餐饮服务等。贵宾室旨在为 VIP 客户提供一个安静、私密的环境，在这里他们可以放松休息或是进行私人会谈。

### （二）展览空间

一些大型的会议中心也会设置展览厅，即专为举办各类展览会而设计的大面积开放空间。展览厅通常采用开放式设计，具备无柱或柱间距较大的特点，确保宽敞明亮的展示环境。展览厅配备专业的技术设施，如先进的照明系统、充足的电力供应和高速无线网络，可确保参展商能够顺利展出产品。除展览外，展览厅也可举办主题宴会、年会等大型会议活动。

### （三）会议辅助设施

1．中央大堂

作为会议中心的门面，中央大堂是迎接与引导客人的重要区域，通常是一个宽敞、高挑的空间，设计上注重美观与功能性相结合。中央大堂常常被用作活动的起点，为参与者提供一个集合、休息和社交的场所。中央大堂内可设有休息区、咖啡吧等服务设施，为参与者提供舒适的等待和交流环境。

2．会议室前厅

作为会议室的入口区域，通常是一个设计精良、宽敞明亮的空间。前厅的设计注重实用性和通透性的结合，可为参会者提供一个放松和交流空间，因而常常配备舒适的座椅，可以被巧妙地转化为一个理想的茶歇区，旨在为参会者提供一个休息和社交的空间。

3．餐饮服务空间

此空间是专为提供高质量餐饮体验而设计的区域。这些空间通常包括优雅的餐厅、舒适的咖啡吧以及灵活的自助餐区，旨在满足参会者的各种餐饮需求。会议中心厨房可提供丰富多样的菜单选择，确保参会者能享受到愉悦的用餐体验。

4．停车场

会议中心的停车场是为参会者提供便捷停车服务的重要设施。停车场通常设计得宽敞，能够容纳大量车辆，且易于导航，确保参会者能够轻松找到停车位。停车场内设有明确的指示标志和照明系统，保证安全的同时也方便驾驶者快速寻找自己的车辆。

5．储藏室

储藏室是为会议、展览和其他活动提供物品存放服务的重要空间。这些储藏室通常设计得安全实用，能够妥善保管物资，包括参展商的展品、会议材料、技术设备等。为了保障物品的安全，储藏室通常设有安全门锁和监控系统。

（四）会议设备

1．高清显示设备

会议中心的高清显示设备是确保会议、展览等活动视觉呈现质量的关键组件。这些设备通常包括高分辨率的液晶显示器、LED 屏幕以及投影系统，能够提供清晰、生动的图像，确保观众无论坐在哪个位置都能享受到优质的视觉体验。高清显示设备主要用于展示演讲者的演示文稿、视频内容和实时直播。

2．音频设备

音频设备保证了良好的声音传输和清晰的语音交流。通常包括高质量的音响系统、麦克风（有线和无线）、调音台、音频处理器及扬声器管理系统等。通过精心设计声音布局，可以实现声音的均匀分布，确保每位参与者都能清晰地听到演讲内容。此外，先进的数字音频处理器能够优化音质，减少回声和噪声干扰，提供更佳的听觉体验。在一些高端会议中心，还配备了同声传译系统和听力辅助设备，以满足国际会议或多语言交流的需求。

3．视频会议系统

视频会议系统为远程参会者提供了身临其境般的会议体验。这类系统通常包括高清摄像头、多点控制单元（MCU）、视频会议终端、大型显示屏以及集成的音频解决方案。通过高带宽网络连接，系统能够实现实时的视频传输和流畅的音频交流，支持多方同时在线讨论。此外，先进的视频会议系统还集成了智能功能，如自动摄像机跟踪、语音激活切换、屏幕共享和白板协作工具，这些都能够提高会议效率并促进创意交流。随着技术的进步，越来越多的会议中心开始采用云端视频会议服务，这不仅简化了硬件部署，还降低了维护成本，使得远程会议更加便捷高效。

4. 会议控制系统

会议控制系统是一种集成化的管理平台，用于高效管理和控制各种规模会议的技术需求。这种系统通常包括但不限于音频、视频、灯光控制、议程管理、投票表决功能以及远程参会支持等模块。通过中央控制界面或软件，操作人员可以轻松调整会议室内的各项设置，确保会议顺利进行。例如，在大型会议中，可以通过该系统实现多房间之间的音视频同步传输，或者在需要时快速切换到远程视频会议模式。

5. 智能照明系统

智能照明系统利用现代智能控制技术来优化照明环境，通过各种传感器（如运动传感器、光照传感器）和智能控制器，自动调节光线亮度和色温，以提高能源效率。例如，在无人使用的区域，照明系统会自动降低亮度或关闭灯光以节省能源;而在有人进入时，则能迅速调整至预设的最佳照明状态。此外，智能照明系统还可以根据一天中的不同时段、天气变化或是特定活动的需求来改变照明效果，创造出既舒适又节能的光环境。

6. 无线演示和屏幕共享设备

无线演示和屏幕共享设备允许用户无需线缆连接即可从笔记本电脑、平板电脑甚至是智能手机上无线投屏至会议中心的大屏幕或投影仪上。通过使用专门的应用程序或硬件发射器，演讲者可以轻松地将演示文稿、视频、图像等内容实时分享给所有与会者。此外，这些系统通常支持多设备同时连接，使得多人协作变得更加简单直观。对于大型会议或需要频繁切换演讲者的场合来说，这种技术的应用尤其重要，因为它减少了物理连接带来的不便，并且提升了整体的专业形象和技术感。

7. 安全和网络设备

安全设备主要包括视频监控系统、门禁控制系统、入侵检测系统和紧急疏散指示系统等。这些设备协同工作，共同保障会议期间人员的安全和财产的安全。例如，高清摄像头可以实时监控整个会场，确保无死角覆盖；而门禁系统则可以控制进出人员的身份验证，防止未经授权的访问。

在网络设备方面，会议中心通常配备了高性能的路由器、交换机和无线接入点等，以提供稳定可靠的互联网连接。这些设备不仅需要保证高速的数据传输，还要确保网络的安全性，防止未授权访问和数据泄露。

8. 智能会议桌和座椅

会议中心的智能会议桌和座椅为参会人员提供更加舒适、高效且互动性强的会议体验。智能会议桌通常集成了先进的技术，如内置电源插座和 USB 充电端口，一些高级型号甚至配备了无线充电板，确保与会者的电子设备始终保持充足电量。再如配备触摸屏面板或嵌入式显示屏，与会者可直接在桌面上进行交互操作，查看会议资料、参与投票或进行即时笔记等。

智能座椅则采用了人体工学设计，能够根据个人偏好调整坐姿，提供最佳的支撑和舒适度，一些智能座椅能够通过传感器监测用户的坐姿，并在必要时提醒调整，帮助预防久坐造成的健康问题。高端智能座椅还配备了内置扬声器和耳机接口，以提升用户的体验感。

实例精粹

国家会议中心会展设施

实例精粹

国家会议中心会展设施

## 三、会议酒店

会议酒店以会议接待为主营业务，它不仅为组织会议提供场地、住宿、餐饮、娱乐等多种服务支撑，也配设齐全的会议设施设备。

### （一）会议空间

1. 多功能厅

通常面积较大，可根据活动规模进行分隔或合并，以适应不同的会议布局需求。装备有先进的视听设备，如高清投影仪、大屏幕显示器、专业音响系统、无线麦克风以及高速互联网接入。

2. 会议室

拥有规模大小不同的会议室，配备有先进的视听设备、高速网络连接、投影仪和屏幕等，适用于小型研讨会、培训课程或董事会会议。

3. 宴会厅

用于举办正式晚宴、庆祝活动或大型颁奖典礼，可以按照客户需求进行定制化装饰，可容纳数百人。配置有专业的灯光和音响系统，能够营造出理想的氛围，支持现场表演或播放背景音乐。

### （二）住宿设施

提供多种房型选择，包括标准间、豪华套房等，满足不同客人的需求。

客房内配有现代化的设施，如书桌椅、全套盥漱用具、空调、迷你吧、保险箱、免费 Wi-Fi 等。提供日常清洁、洗衣服务以及客房送餐服务等。

#### （三）餐饮设施

拥有中餐厅、西餐厅、宴会厅、休闲咖啡厅和酒吧等多种餐饮空间，可提供各种餐饮模式，点菜服务、自助餐、宴会服务、送餐服务等，满足宾客的各种用餐需求。

#### （四）其他服务与设施

1. 商务中心

提供打印、复印、传真等商务服务。

2. 礼宾服务

协助客人预订机票、租车或安排旅游行程。

3. 健身中心和休闲设施

健身中心和休闲设施包括健身房、游泳池、SPA 等，帮助参会者在紧张的日程之余放松身心。

4. 停车服务

提供充足的停车位，有些酒店还提供代客泊车服务。

### 四、其他会展设施

除了展览中心、会议中心和会议酒店之外，还有多种类型的会展设施可以满足不同规模和性质的会展活动需求。如文化中心，是提供艺术展览、音乐会、戏剧表演等多种文化活动的场地，也常设有会议设施，可用于举办文化相关的会议或活动；体育场馆主要用于体育赛事，但很多大型体育馆也可容纳大量观众，适合举办大型活动或演唱会；度假村或度假酒店位于风景优美的地区，拥有户外活动场地、多功能厅以及舒适的住宿条件，提供休闲度假的同时也能举办会议;大学校园具有学术氛围浓厚的环境，设有专门的会议中心，适合学术会议、研讨会等活动。总之，每种设施都有其独特的定位和服务对象，选择合适的会展设施对于确保活动的成功至关重要。

## 融思贯通

本章介绍会展场地选择与布局，包括会展场地的选择标准、会展空间布局安排、会展设施及相关技术支持等内容。

其一，本章介绍了会展场地选择，强调要从场地空间价值、环境体验价值、形象传播价值三个维度考虑场地的选择标准。场地空间价值重在体现场地物理空间功能，而环境体验价值侧重考虑参与者的感官体验，形象传播价值则是为了体现品牌形象的市场传播。

其二，本章介绍了会展空间布局安排，着重介绍展览场地空间布局和会议场地空间布局。根据展览活动空间需求，展览场地布局包括接待导览区、主展区、互动体验区、会议区、休息区/洽谈区、采访间；根据会议活动空间需求，会议场地布局包括入口区、签到区、主会场、展览区、茶歇区和媒体专访区。

其三，本章阐述了会展设施及其技术支持，主要介绍了展览场馆、会议中心和会议酒店等设施。除此之外，会展设施还包括文化中心、体育场馆、度假村或度假酒店、大学校园等。每种会展设施匹配不同的技术支持系统，可以满足不同规模和性质的会展活动需求，具有独特的市场定位和服务对象。

1．会展场地选择首先需要满足功能需求，从场地空间价值上看，会展场地的选择标准是什么？

2．展中有会、会中有展是会展行业发展趋势，请选择某一知名会展项目，从其系列活动中，分析会展空间布局。

3．会展场馆的硬件设施和技术支持是会展项目成功落地的关键要素之一。先进的展览场馆或会议场馆应具备哪些内部设施和技术手段？

## 展技实操

### 会展场地选择与布局安排

➢ **实训目标**

通过本次实训，使学生能够掌握会展场地的选择标准，能根据活动规模、类型、预算等因素选择合适的会展场地。掌握会展布局的基本原则，熟悉会展布置的基本流程和方法，确保会展功能区域合理划分。了解会展行业的相关法规和安全标准，确保方案符合行业规范。

### ➢ 实训内容与步骤

一、会展场地选择实训

1. 实训任务：为所选会展项目选择场地。

2. 实训步骤：

市场调研：收集相关信息，分析目标客户群体的需求和偏好。

场地考察：根据会展项目的类型和特点筛选潜在的会展场地，对备选场地进行实地考察，评估其交通便利性、面积规模、设施条件、服务能力等。

场地选择：对比备选场地优劣势，确定最合适的会展场地。

二、会展场地布局

1. 实训任务：设计会展场地布局。

2. 实训步骤：

设计功能区域：根据会展项目特点设计各功能区域，如注册区、展览区、会议区、休息区等。

考虑人流动线：确保参会人员能够顺畅地在各功能区域之间移动。

绘制布局图：使用 CAD 软件或其他工具绘制详细的布局图。

配备设施：考虑必要的设备和技术支持。

### ➢ 实训要求

根据任务要求，学生组建团队并进行分工，团队协作，发挥创意，设计出具有特色的会展布局方案。

实训结束后，提交一份完整的实训报告，汇报实训过程和成果，包括场地选择的理由、布局设计的特点，详细记录整个实训中的每个步骤和心得体会。

### ➢ 实训评价

教师根据方案可行性与创新性、实训过程中的参与度和团队合作、报告质量与汇报效果进行综合评价。

方案可行性：根据场地选择的合理性以及布局设计的实用性进行评分。

创新能力：评价方案的独特性和新颖性。

团队协作：依据小组成员之间的个人贡献度、沟通协调能力和合作精神进行评估。

报告质量：根据实训报告的完整性、条理性以及表达清晰度进行打分。

现场表现：评估实训小组在成果展示过程中的汇报表现。

实训成绩将计入课程总评，反映学生在会展策划领域的综合能力。

# 本章习题

## 一、判断题

1. 场地空间价值主要指场地的物理空间的可达性、实用性、功能性，以及提供的相关服务，不需要考虑成本效益。（　　）

2. 优越的地理位置方便会展参与者抵达，增强参与者的出席意愿。（　　）

3. 会展场地不仅具有空间价值，而且具有环境体验价值和形象传播价值。（　　）

4. 形象传播价值指的是会展场地能利于会展活动塑造品牌形象，并促进品牌的传播。（　　）

5. 在展会中，设置独立的休息区或洽谈区，是为参展商和参观者提供放松、交流信息或者进行商务洽谈的空间。（　　）

## 二、多选题

1. 展览会的空间布局通常会根据不同的功能需求被划分为多个区域，常见的功能空间包括：（　　）

A. 接待导览区　　B. 主展区

C. 互动体验区　　D. 洽谈区

2. 会议的空间布局包括：（　　）

A. 入口区　　B. 签到区

C. 主会场　　D. 茶歇区

3. 常见的会议空间包括：（　　）

A. 各类会议室　　B. 多功能厅

C. 宴会厅　　D. 贵宾室

4. 下列有关会议辅助设施说法正确的是：（　　）

A. 中央大堂常常被用作活动的起点，为参与者提供一个集合、休息和社交的场所

B. 会议室前厅可为参会者提供一个放松和交流空间，可以被巧妙地转化为一个理想的茶歇区

C. 会议中心的停车场是为参会者提供便捷停车服务的重要设施

D. 储藏室是为会议、展览和其他活动提供物品存放服务的重要空间

5. 下列有关展览辅助设施说法正确的是：（　　）

A. 作为参观者的第一印象区域，主入口通常设计得宽敞明亮，兼备接待、咨询等设施或服务

B. 每个独立展厅的入口处都会设置小型门厅或过厅，这里可以作为登记处和咨询点

C. 展览中心可设有商场区域，提供零售服务，如食品饮料销售点

D. 展览中心通常会配备充足且便利的停车场，包括地下停车场和地面停车场，能确保车辆的有序停放

习题答案

# 第五章

# 会展招商策略与推广计划

## 思维导图

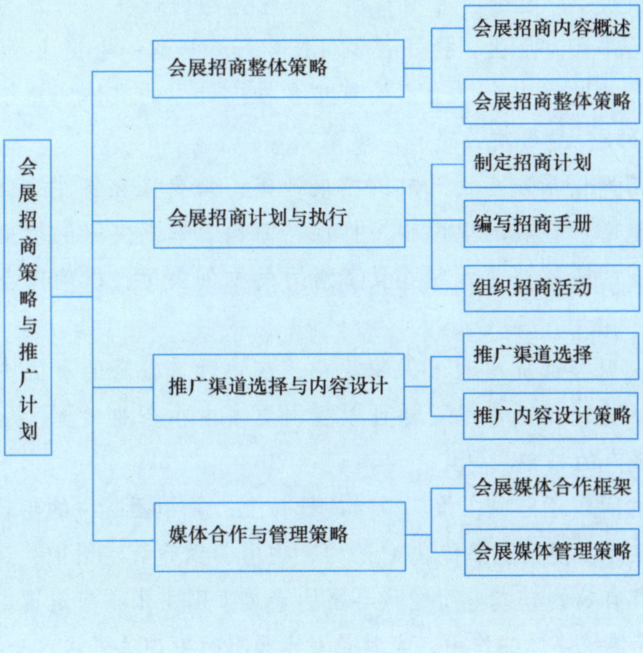

## 学习目标

- 掌握会展招商策略的关键环节，能够设计招商方案及营销策略
- 熟悉会展招商原则与执行要点，能针对不同特点的目标群体选择和组织合适的招商活动
- 掌握会展推广渠道的选择与内容设计策略，能够根据目标受众的媒体使用习惯选择合适的推广渠道
- 掌握媒体合作与管理策略，能够针对性策划媒体合作方式并在不同阶段设计媒体相关活动

## 开篇导引

在科技创新的大环境背景下，一家知名的会展公司决定策划一场“智能未来科技展”，通过会展项目展示全球范围内最具创新力的科技产品和解决方案，并且为企业、投资者和科技爱好者搭建一个交流与合作的平台。然而，在筹备过程中，关于招展策略和推广计划的具体实施细节，公司内部产生了分歧，导致决策进程一度陷入停滞。

市场部建议采取全面开放的招展政策，只要符合条件的企业申请即可参展，以此增加会展的规模和多样性。而销售部则主张实行精准筛选，只邀请本行业的头部企业和一些具备潜力的初创公司，以确保会展的专业性和吸引力。

另外，财务部提出为了保障收益，应该设定较高的展位费用。而客户关系部则认为，降低费用门槛可以吸引更多中小企业参展，从而增加会展的活力和观众的兴趣。

同样的问题还出现在推广渠道的选择上，营销团队中的年轻人强烈建议使用社交媒体、搜索引擎优化（SEO）、内容营销等数字渠道，认为这是接触目标受众最有效的方式。而经验丰富的老员工则主张不应忽视电视、报纸和行业杂志等传统媒体的作用，尤其是对于吸引行业内的资深人士和企业高管。

在决策会议上，各部门代表就招展策略和推广计划的各个细节展开了激烈的辩论。尽管每个人都从自己部门的角度出发，提出了看似合理的论据，但最终却未能达成一致意见。如何选取合适招展策略和推广计划，成为公司在项目确定后急需解决的问题。

# 第一节　会展招商整体策略

## 一、会展招商内容概述

微课

会展招商任务

会展招商工作直接关系到会展活动规模、质量和影响，是会展策划和实施的关键环节。成功的招商工作在保证展会顺利举办的同时，也将为主办方、参展商和观众创造多重价值。会展招商核心目标是吸引和动员目标参展商、专业观众、赞助商及其他相关参与者加入到特定的会展活动中来。这一过程涉及到会展组织者运用一系列营销策略和沟通手段，将会展的吸引力、价值和独特性传达给潜在的参与者，促使他们做出参与决策。通常会展招商涵盖以下几部分内容。

### （一）招展

招展工作一般指邀请潜在的参展商组织或个人加入会展的过程。此环节通常涉及展位的推广与销售，通过各种营销与沟通手段向目标参展商展现展会的商业潜力、市场前景及品牌形象，进而促使其注册参展。

### （二）招商

狭义的招商一般指专注于吸引观众，尤其是专业观众和采购商前来观展。通过广告、社交媒体、专人联系以及行业合作等多元化渠道，提升展会的知名度与吸引力，鼓励目标观众前来参观。

### （三）招募赞助商

为寻求品牌宣传、市场推广及商业合作的企业提供个性化的赞助方案。赞助商的支持不仅能为展会注入额外的资金，还能提升展会在行业中的影响力与专业形象。

### （四）寻求合作伙伴

积极寻找与展会主题和目标市场相契合的合作伙伴，例如行业协会、媒体机构和服务提供商等。通过深度合作，可以拓宽招商网络，同时提升展会在行业中的地位与市场覆盖率。

## 二、会展招商整体策略

会展招商策略是指会展组织者为了吸引参展商、观众、赞助商和合作伙伴而制定的一系列计划和行动，这些策略通常基于深入的市场调研和精准的目标客户分析，旨在通过有效的宣传推广、合作洽谈和资源整合，确保会展的顺利举行，并最大化实现会展的商业价值和社会效应。

### （一）招商定位与目标

#### 1. 招商定位

市场定位与目标设定是会展招商策略的起点，它为后续的招商活动指明了方向。一般在招商初期需要明确以下问题。

- 本会展项目服务于哪个行业？面向哪些行业和客户群体？
- 本会展项目的核心价值和独特之处是什么？
- 与同类会展相比，本项目的竞争优势在哪里？

#### 2. 招商目标

招商目标是在市场定位的基础上，为会展招商活动制定具体、可衡量的目标。这些目标应当既具有挑战性又切实可行，能够指导招商工作的方向和重点。目标设定通常包括以下几项。

- 参展商数量与质量：确定预期的参展商总数，以及对参展商资质、行业影响力和创新能力的要求。
- 观众构成与规模：设定预期的观众人数，以及对观众类型（如专业买家、行业专家、普通观众等）的比例要求。
- 赞助与合作：规划赞助商层级与权益，吸引不同行业背景的企业参与，形成多元化的合作伙伴网络。
- 市场拓展与品牌建设：通过招商活动，提升会展在目标市场的知名度和影响力，建立稳定的客户关系。

因此，会展招商目标设立工作应该围绕下面几项具体进行。

（1）分析行业趋势与竞争格局

深入研究当前行业的发展动态，包括技术创新、市场需求变化等，以确保会展内容与行业趋势相符。

分析同类会展的数量、规模、影响力等，了解自身在市场中的位置和潜在竞争优势。

（2）明确目标参展商、观众与赞助商、合作方

根据会展主题和行业特点，确定主要吸引的参展商类型，如制造商、分销商、服务商等。

界定目标观众群体，包括行业内的专业人士、潜在买家、决策者等。

识别并确定潜在的赞助商，这些赞助商可能与会展主题相关，且有兴趣通过赞助来提升品牌形象和市场影响力。

寻找与会展项目相匹配的合作伙伴，并开展对应的合作模式。

（3）设定量化与质化招商目标

量化目标：设定具体的招商数字指标，如参展商数量、观众注册人数、赞助商层级和数量等。

质化目标：明确展会希望达到的影响力、参展商和观众的满意度、行业内的认可度等。

### （二）目标受众分析

为了更好地服务于目标受众需求和期望，需要对目标受众进行深入的分析。

#### 1．参展商需求与偏好研究

通过市场调研和数据分析，对于参展商参与展会的主要动机进行了解，如产品销售、行业交流、新品展示等；分析参展商在选择会展时考虑的因素，如展会知名度、受众质量、相关活动等；研究参展商对于现场布局、展位设施等具体需求和偏好等。

#### 2．专业观众群体特征与动机分析

对目标观众群体进行特征分析，了解其职业背景、行业归属、职位等基本信息；掌握专业观众参加会展的主要目的，如寻找新产品、了解行业动态、建立业务联系等；研究专业观众的行为方式和兴趣点，以便提供更加精准的内容和服务。

#### 3．赞助商与合作伙伴的市场定位

对潜在赞助企业、合作伙伴进行识别，对其市场定位、品牌形象等进行分析；了解赞助商对于会展赞助的期望和回报要求，以便制定适合的赞助方案；创建与合作伙伴的共赢模式，促进双方资源的有效利用和整合。

### （三）招商策略框架

招商策略框架是会展策划的核心，构建一个有效的招商策略框架能够确保招商活动的高效、有序进行，是会展项目招商成功的关键。

1．定制化招商方案设计

根据目标参展商和观众的需求，设计具有针对性的招商方案。例如，为技术创新型企业提供特别的展示区域，或者为专业观众安排与行业专家的面对面交流机会。考虑多层次的赞助机会，以满足不同规模和预算的企业需求。制定灵活的展位分配和定价策略，以吸引更多类型的参展商。

2．营销渠道与传播内容构建

创造有吸引力的营销信息并通过有效的营销渠道传播出去是招商策略框架的重点。构建会展的传播内容，确保信息能够广泛覆盖目标受众。选择合适的营销渠道，利用社交媒体、行业出版物和在线平台等多渠道传播营销信息，从而提升会展的宣传品质和行业影响力。

3．风险评估与应对策略规划

识别潜在的招商风险，如市场变化、竞争对手的行动、参展商和观众的参与度等。制定应对策略，包括灵活的招商计划调整、增强与参展商的沟通、提供额外的增值服务以维持参展商的兴趣等。设立危机管理计划，以应对可能出现的紧急情况，确保会展的顺利进行。

（四）合作伙伴战略

构建强大的合作伙伴网络对于提升会展的影响力和招商效果至关重要。常见的合作伙伴包括行业领导者、媒体、行业协会、服务供应商、政府机构、学术研究机构等，通过与各类伙伴建立稳固的合作关系，能够拓宽资源渠道，提升活动品质，扩大市场影响力，进而吸引更多优质参展商和观众。

1．行业协会与专业组织的联动

与相关行业协会和专业组织建立紧密合作关系，共同推广会展活动。利用这些组织的资源和影响力，吸引更多高质量的参展商和观众。探索与行业协会合作举办专题研讨会或论坛，增加会展的专业性和吸引力。

2．媒体与传播渠道的整合

与主流媒体和行业媒体建立合作关系，扩大会展的曝光度。利用多种传播渠道（如社交媒体、电子邮件、线上广告等）推广会展信息。制定内容营销策略，通过发布有价值的行业内容和进行内容更新，保持目标受众的持续关注。

3．服务供应商的合作模式探索

与会展相关的服务供应商（如展位搭建、物流、餐饮等）建立长期合作关系，确保会展活动的高效运作。探索与服务供应商的创新合作模式，如共享资源、联合营销等，以降低成本并提升服务质量。定期对服务供应商进行评估和调整，以确保会展的服务质量和参展商满意度。

## 实例精粹

### 多维合作体系下的成都国际汽车展览会

实例精粹

多维合作体系下的成都国际汽车展览会

## 第二节　会展招商计划与执行

### 一、制定招商计划

#### （一）确定招商时间表和关键节点

1．招商时间表的确定

会展招商工作有序推进，需要确定明确合理的时间表，招商日程的确定综合考虑以下几个因素。

第一，会展的整体筹备进度。招商工作是会展筹办工作中的重要一环，所以它的日程安排要配合整个会展活动筹办的进度。比如，如果展会定在明年春天，为了保证有充足的宣传推广时间，通常从今年下半年就开始招商。

第二，行业的市场周期。不同的行业市场周期不同，遵循这些周期有利于招商时间安排更有效率。比如有些行业，企业新一年的市场计划可能在年底就开始了，所以在这个时间段进行招商宣传，效果会更好一些。

第三，潜在参展商的决策周期。考虑到潜在参展企业评估参展价值、准备相关资料、安排预算等工作都需要时间，所以在决策时要给潜在参展企业充足的时间。

在上述考虑的基础上，一个可分为几个阶段的招商日程可以初步确定。

（1）初始规划阶段。招商工作还未启动，首先启动的就是前期策划工作。通常要考虑会展活动的举办时间、行业的市场情况、同类展会的时间安排等因素，这一阶段需要确定整个招商活动的大致时间范围。例如，如果在秋季举行展会，为保证有充足的宣传推广时间，招商活动可能需要在春季或更早些时间启动。

（2）招商启动阶段。招商启动阶段是整个招商活动的开端，具体的招商启动日期需要在这一阶段明确下来。通常，这一阶段会伴随着招商手册的发放、线上平台的上线及前期的市场促销活动等内容而出现。确保现阶段能够吸引潜在参展企业的目光，为后续的招商工作打好基础。

（3）招商高峰期。招商高峰期是整个招商活动中最为关键的阶段，此时会有大量的潜在参展商进行咨询和报名。因此，需要合理规划这个阶段的时间，确保团队能够应对高峰期的挑战。这个阶段可能需要增加人手，加强市场推广力度，提供便捷的报名通道等。

（4）招商收尾阶段。随着招商活动的推进，会进入一个收尾阶段。这个阶段需要明确招商的截止日期，并提醒潜在参展商尽快完成报名。同时，也需要为已报名的参展商提供必要的后续服务，如展位分配、合同签订等。

如下面这份招商计划表（见表5-1），能够系统地推进招商工作，确保各个环节有序进行，同时留有足够的时间来应对不可预见的情况，从而实现招商目标。

表5-1　××展会招商计划报表

| 时间段 | 关键任务与目标 |
| --- | --- |
| 1月1日—2月28日 | 初始规划：市场调研，确定会展与招商时间，制定初步招商策略 |
| 3月1日—3月30日 | 招商启动：发布招商手册，启动在线平台与市场推广 |
| 4月1日—7月31日 | 招商高峰期：增加团队，加大推广，优化报名流程，提升服务质量 |
| 8月1日—9月30日 | 招商收尾：报名截止提醒，展位分配与合同签订，参展商服务启动准备 |
| 10月1日 | 参展商服务启动：展位分配，布展指导，物流协调 |

2．关键节点的设定

在招商时间表中设定关键节点，有助于更好地控制招商进度，并及时调整策略。以下是一些常用的关键节点。

（1）招商启动节点。招商启动节点是整个招商活动的起点，标志着正式对外发布招商信息。在这个阶段，需要确保所有的招商资料和准备工作都已就绪，并通过多种渠道进行广泛宣传，以吸引潜在参展商的注意。

（2）招商进度评估节点。在招商活动进行到一定阶段时，需要设定一个或多个进度评估节点。这些节点用于评估已完成的招商工作，了解招商效果，并根据实际情况调整后续策略。例如，如果发现报名人数低于预期，可能需要加大市场推广力度或调整招商策略。

（3）关键报名截止节点。报名截止节点是招商活动中的一个重要环节，它标志着参展商报名的最后期限。在这个节点之前，需要通过各种渠道提醒潜在参展商尽快完成报名，并处理好报名过程中的各种问题。

（4）参展商服务启动节点。招商活动结束后，需设置一个参展商服务启动节点。这一节点标志着展位布展、布展指导、物流协调等已报名参展企业的后续服务工作开始启动。确保参展企业在展会前各项准备工作顺利完成。

组织方通过对这些关键节点的明确，从而更好地把握整体进度和节奏，确保按时完成各项工作任务。

### （二）任务分解与排序

#### 1．任务分解与分类

对招商活动任务进行细化分解、归类，以便后续工作的落实。通常来看，招商任务大体上分为以下几种。

（1）市场调研与分析。负责行业资讯收集、目标受众分析、竞品调查等工作。

（2）策略规划与设计。制定招商方略、设计营销资讯、打造品牌故事等等。

（3）渠道选择与执行。营销渠道的选择、营销方案的执行、执行效果的监控等等。

（4）关系管理与客户服务。维护好与展商的关系、与观众的关系、与赞助商的关系，为客户提供优质的服务。

（5）数据分析与评估。对招商数据进行收集，对招商效果进行分析，对招商活动的收益率进行评估。

（6）风险控制与应急处理。识别潜在风险、制定应急预案、处理突发状况。

#### 2．优先级排序

在任务分解后需要进行优先级排序，任务的优先级排序是确保资源有效利用和目标顺利达成的关键。通过合理排序，可以优化工作流程，提高团队效率，避免因资源冲突或时间紧迫导致的执行偏差。

（1）优先级排序遵循原则

① 紧急性与重要性。紧急且重要的任务应优先处理。这类任务通常与会展招商的关键目标直接相关，它们的完成对于整个招商活动的成功至关重要。例如，市场调研与分析、策略规划与设计等任务，它们为招商活动提供了基础数据和方向指导，因此必须优先处理。在判断任务的紧急性和重要性时，可以考虑以下几个方面。

● 任务对招商活动整体进度的影响。

● 任务对达成招商目标的重要性。

● 任务是否涉及关键决策或资源的分配。

② 依赖关系。进行排序时，也要考虑任务间的逻辑依赖关系，保证前置任务完成后再启动后置任务，这样就避免了资源浪费和时间冲突的问题，例如市场调研完成后才能进行策略规划，因为策略规划需要依赖市场调研的数据和结果。为了明确任务间的依赖关系，可以采取以下措施。

● 制定详细的任务清单，并标明每个任务的前置和后置任务。

● 使用项目管理工具来可视化任务间的依赖关系。

● 定期召开团队会议，确保所有成员都了解任务间的依赖关系。

③ 资源可用性。资源的有限性要求在排序时充分考虑资源的可用性。根据现有资源的可用性和分配情况，调整任务的执行顺序，以确保资源的最大化利用。例如，如果某个任务需要大量的市场部门人员配合，而当前这些人员正被其他任务占用，那么这个任务就需要暂时延后。在考虑资源可用性时，可以注意以下几点。

● 对每项工作所需资源种类、数量等进行评估。

● 对当前资源使用情况及可利用时间进行跟踪。

● 为适应资源的可用性变化，灵活调整任务执行顺序。

④ 风险与机会。在排序时，还需要考虑任务的风险和机会。优先处理高风险或高收益事件，在确保招商活动的风险可控的同时，抓住市场机遇。例如，如果某个任务涉及与重要合作伙伴的合作，且合作成功将带来显著的招商效益，那么这个任务就需要优先处理。在评估任务的风险和机会时，可以采取以下策略。

● 对每个任务进行风险评估，包括潜在的风险和可能的损失。

● 识别任务中的机会，并评估其潜在的收益和价值。

● 根据风险和机会的评估结果，调整任务的优先级。

（2）优先级排序常用方法

① 矩阵法。矩阵法是一种直观且实用的优先级排序方法。它使用紧急 - 重要矩阵对任务进行分类，根据任务的紧急性和重要性将其分为四个象限。在会展招商活动中，可以将任务分为以下四类。

● 重要且紧急：这类任务需要立即处理，通常与招商活动的关键目标直接相关。

● 重要但不紧急：这类任务虽然重要，但可以稍后处理，通常涉及长期规划或策略制定。

● 紧急但不重要：这类任务需要快速处理，但通常不会对招商活动的整体结果产生重大影响。

● 不重要也不紧急：这类任务可以放在最后处理，或者根据需要进行调整。

使用矩阵法时，可以将任务列在一张表格中，并根据其紧急性和重要性进行分类。然后，可以按照优先级顺序处理任务，确保首先处理位于第一象限（重要且紧急）的任务。

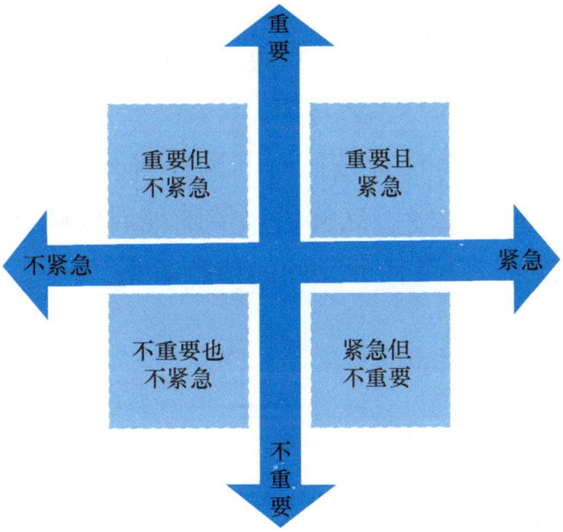


图 5.1　矩阵法排序

② 评分法。评分法是优先级排序比较细的一种方法。它对时间敏感度、资源需求、风险等级、潜在收益等每一项任务都设定了评分标准。然后再把这个任务按照这些标准的总分排序，把它的实施顺序定下来。

在采用评分法时，为了体现其在任务优先级中的相对重要性，每一个评分标准都需要设置一个权重。然后，对每个任务进行评分，并将得分相加得到总分。最后，根据总分对任务进行排序，优先处理得分最高的任务（见表 5-2）。

表5-2　某展会招商计划部分评分表

| 编号 | 任务描述 | 时间敏感度（1 ~ 5） | 资源需求（1 ~ 5） | 风险等级（1 ~ 5） | 潜在收益（1 ~ 5） | 总分 |
|---|---|---|---|---|---|---|
| 1 | 与重要合作伙伴洽谈合作细节 | | | | | |

续表

| 编号 | 任务描述 | 时间敏感度（1～5） | 资源需求（1～5） | 风险等级（1～5） | 潜在收益（1～5） | 总分 |
|---|---|---|---|---|---|---|
| 2 | 更新招商宣传材料 | | | | | |
| 3 | 回复一般合作伙伴的邮件询问 | | | | | |
| 4 | 研究竞争对手的招商策略 | | | | | |

③ 甘特图。甘特图是一种可视化的任务管理工具，它可以直观地呈现任务的时间线、依赖关系和优先级。在会展招商活动中，使用甘特图来展示任务的开始时间、结束时间和持续时间，并通过条形图的形式表示不同任务之间的优先级关系。

使用甘特图时，可以将任务按照时间顺序排列在图表中，并用不同颜色的条形表示不同任务的优先级。这样可以清晰地看到哪些任务是优先处理的，哪些任务可以稍后处理，以及任务之间的依赖关系。

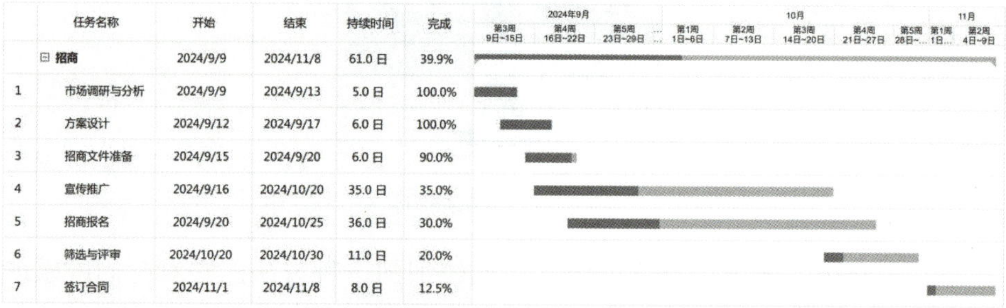


图 5.2　某展会招商计划甘特图

④ SWOT 分析。SWOT 分析是一种战略规划工具，它可以帮助评估每个任务的优势、劣势、机会和威胁。在会展招商活动中，可以使用 SWOT 分析来确定哪些任务能够最大化利用优势、抓住机会、最小化劣势和威胁。

在进行 SWOT 分析时，需要对每个任务进行细致的评估，并确定其在优势、劣势、机会和威胁方面的得分。然后，可以根据这些得分对任务进行排序，优先处理得分最高的任务。

## 二、编写招商手册

### （一）招商手册重要性

招商手册是会展招商项目中至关重要的宣传资料，它不仅承载着展示会展项目形象、优势、政策和服务的重要任务，还是吸引潜在参展商、促进合作意向达成的关键工具。招商手册重要性主要体现在以下几个方面。

1．信息传递的载体

招商手册是潜在展商了解会展信息的重要途径，它详细记录了会展的基本情况、参展优势、参展流程等关键信息，有助于潜在展商全面、准确地了解会展。

2．品牌形象的展示

招商手册的设计和内容直接反映了会展的品牌形象和专业水平。一本设计精美、内容翔实的招商手册能够提升会展的整体形象，增强潜在展商对会展的信任和好感。

3．招商效果的促进

招商手册通过系统地介绍会展的优势和价值，能够激发潜在展商的参展兴趣，进而促进招商效果的提升。同时，手册中的参展案例和往届回顾等内容，还能增强潜在展商对会展效果的信心。

4．沟通与交流的桥梁

招商手册不仅是信息传递的载体，还是会展组织与潜在展商之间沟通与交流的桥梁。通过手册，潜在展商可以更加深入地了解会展，并向会展组织方提出疑问或需求，从而促成双方的进一步合作。

### （二）招商手册的内容

招商手册通常包括以下几项内容。

1．项目概述

详细介绍会展项目的背景、目标、规模、预期效果等，让潜在参展商对项目有全面的了解。

2．参展优势

列举会展的参展优势，例如会展的知名度、参展人群的专业性、展区的布置和特色等，吸引潜在展商选择参展。

3．招商政策与优惠

明确展位费用及其包含的服务，如展位面积、展位装修、电力、水源等设施，以及其他附加服务，如广告宣传、演讲机会等。同时可以列举针对参展商的各类优惠政策和支持措施，如减免租金、提供宣传支持等，以吸引更多参展商参与。

4. 会展日程安排

提供详细的时间表和关键活动节点，包括报名截止日期、布展时间、展览时间、撤展时间等，以便参展商合理安排行程。

5. 参展指南

参展指南包括参展流程、注意事项、服务支持等，为参展商提供实用的参展指导。

6. 展商资质

明确展商的参展资质要求，如企业注册时间、产品质量认证、行业资质等，确保参展商具备一定的实力和信誉。

7. 联系方式

提供会展项目的联系方式，包括地址、电话、邮箱等，方便潜在参展商进行咨询和沟通。

### （三）招商手册设计原则

1. 专业性

招商手册中的所有信息，包括会展时间、地点、参展流程、费用标准等，必须经过严格核实，确保没有错误或误导。任何不准确的信息都可能损害会展的专业形象，影响参展商的信任度。同时招商手册应体现出对所涉及行业的深刻理解，无论是行业趋势分析、市场数据还是行业洞察，都能彰显出会展主办方的专业性和前瞻性。另外，招商手册需要详细列出参展规则、参展商资格要求、合同条款等内容，确保潜在参展商能够清楚地了解自己的权利和义务。

2. 吸引力

可以采用现代感强、创意独特的设计风格，通过专业的排版、和谐的色彩搭配和高质量的图片，提升手册的视觉冲击力，使其在众多招商材料中脱颖而出。另外，通过案例分享、参展商证言等形式，讲述会展和参展商的成功故事，展现会展的影响力和参展的实际收益，激发潜在参展商的参与欲望。手册中可以考虑加入二维码、AR 链接等数字技术，引导读者访问会展官网、社交媒体或虚拟展厅，提供更丰富的信息和互动体验。

3. 易读性

手册编写中需采用逻辑性强的章节划分，如会展概览、参展流程、展位信息、赞助机会等，便于读者快速定位感兴趣的部分。在语言使用上尽量简单直白，避免行业术语的过度使用，确保内容易于理解，即使是行业外人士也能快速掌握会展活动要点。

4. 实用性

招商手册中提供详细的参展指南，包括参展流程、物流安排、展位搭建建议等，帮助参展商做好充分准备。另外，可以加入会展活动期间的交通指南、住宿推荐、餐饮信息等，为参展商提供一站式服务，减少他们的后顾之忧。同时设计分享往届会展的精彩瞬间和成功案例，不仅增加了手册的趣味性，也为潜在参展商提供了参考和灵感。

## 三、组织招商活动

### （一）会展招商活动分类

招商活动的多样性是会展行业的一个显著特点，不同的招商活动类型服务于不同的目标和需求。以下是一些常见的招商活动分类及其详细解析。

1. 线上招商活动

线上招商活动是指完全或主要依赖互联网技术进行的招商活动。这些活动包括但不限于网络直播、在线研讨会、社交媒体营销、电子邮件推广等。

优势：覆盖面广，不受地理限制，能够触及全球范围内的潜在参展商；成本相对较低，无须大量的实体场地和人员投入，易于大规模推广；数据追踪和分析较为便捷，通过数字化工具可以实时监测活动效果，便于后续效果评估和策略调整。

应用场景：适用于需要广泛覆盖潜在参展商的情况，特别是在会展初期或预热阶段。

2. 线下招商活动

线下招商活动是指在实体空间内举行的招商活动，如招商推介会、行业沙龙、商务配对会、实地考察等。

优势：提供面对面交流的机会，有助于增进情感联结和信任，加深参展商对展会的了解和认同；能够直观展示会展场地和设施，提升参展商的参与意愿和满意度；现场氛围浓厚，容易激发即时决策和签约意愿。

应用场景：适用于重点邀请特定区域或行业的参展商，通过针对性的邀请和定制化的服务提高招商效果；或是希望通过深度交流建立长期合作关系的情况，如与重要客户或合作伙伴的年度招商会议。

#### 3．混合型招商活动

混合型招商活动是指结合线上和线下两种形式的招商活动。这类活动通常利用线上平台进行前期宣传和信息交流，而线下活动则聚焦于深度沟通和签约等实质性环节。

优势：综合线上和线下的优点，既扩大了覆盖范围，又保证了沟通的深度和效率；灵活适应不同参展商的偏好和需求，无论他们更倾向于线上还是线下的交流方式；提升活动的整体吸引力，通过多样化的形式和内容吸引更多潜在参展商的关注和参与。

应用场景：适用于大型综合性会展，需要同时覆盖广泛的地域和行业；或是目标参展商分布广泛的情况，通过混合型招商活动可以在控制成本的同时实现高效精准的招商目标。

#### 4．定向招商活动

定向招商活动是指针对特定行业、地区或类型的参展商进行的招商活动。这些活动可能专注于某一特定领域，如科技创新、绿色环保等，或是面向特定群体，如海外参展商、中小企业等。

优势：精准定位，提高招商效率，避免资源的浪费；能够深入探讨行业趋势和需求，提供更专业的服务和解决方案，满足参展商的个性化需求；有助于构建垂直领域的专业品牌形象，增强会展在特定行业或地区的影响力。

应用场景：适用于希望在某一细分市场建立领导地位的会展活动，通过定向招商活动突出会展活动的专业性和针对性；或是寻求特定行业合作伙伴的会展活动，通过定向邀请和定制化服务吸引目标参展商的关注和参与。

### （二）会展招商活动组织与实施

根据会展招商活动分类来看，不同类型的招商活动需要相应的策略和方法来确保其成功。以下是对不同类型招商活动组织与实施的要点。

#### 1．线上招商活动组织与实施

（1）组织阶段

① 确定线上招商活动的目标，如吸引一定数量的远程参展商、提升会展在线上的曝光度。

② 根据目标受众的互联网使用习惯，选择适合的线上平台，如直播平台、社交媒体、官方网站等。

③ 设计吸引人的活动内容，如行业趋势分享、参展商成功案例、线上问答环节等。

④ 确保网络稳定、音视频设备正常，测试直播平台功能，预防技术故障。

（2）实施阶段

① 利用电子邮件、社交媒体、行业网站等渠道，提前宣传线上招商活动，吸引目标受众。

② 设置在线投票、实时聊天、问答环节等，增加观众的参与度和互动性。

③ 利用线上平台的数据分析工具，实时监控活动参与度、观众来源、互动频率等指标。

④ 活动结束后，通过电子邮件或社交媒体感谢参与者，提供活动回放链接，收集反馈。

2．线下招商活动组织与实施

（1）组织阶段

① 选择交通便利、设施完善的场地，根据活动主题进行创意布置，确保场地安全、卫生。

② 邀请行业专家、意见领袖、潜在参展商代表，提升活动的专业性和吸引力。

③ 设计紧凑而富有吸引力的日程，包括主题演讲、圆桌讨论、商务洽谈等环节。

④ 准备招商手册、宣传册、名片等，便于与会者了解会展详情和留下联系方式。

（2）实施阶段

① 确保活动当天的现场秩序，安排签到处、休息区、交流区等功能区域。

② 鼓励与会者之间的互动，提供商务配对服务，促进潜在合作的形成。

③ 邀请行业媒体进行报道，扩大活动的影响范围。

④ 活动结束后，向与会者发送感谢信，附上活动总结和后续合作机会，保持联系。

3．混合型招商活动组织与实施

（1）组织阶段

① 结合线上和线下活动的优势，制定混合型招商活动的策略，如线上预热、线下深度交流。

② 线上活动侧重于信息传播和初步接触，线下活动则用于深化关系和促成合作。

③ 线上部分需要稳定的网络和技术支持，线下部分则需精选场地和精心布置。

（2）实施阶段

① 利用线上平台吸引潜在参展商，提供活动预览和报名入口。

② 线下活动为线上参与者提供更深层次的体验，如现场参观、深度交流会。

③ 收集线上线下活动的数据，分析参与度、互动率、转化率等，评估活动效果。

④ 活动后，综合线上线下的反馈，进行统一的后续跟进，提供定制化的参展方案。

4. 定向招商活动组织与实施

（1）组织阶段

① 明确活动针对的特定行业、地区或类型，定制活动主题和内容。

② 深入了解目标参展商的需求和偏好，设计符合其期待的活动方案。

③ 寻找行业内的关键合作伙伴，如行业协会、行业媒体等，共同推广活动。

④ 采用定向邀请的方式，确保受邀对象的精准性和高质量。

（2）实施阶段

① 邀请行业专家或意见领袖进行主题演讲，分享行业洞察和趋势分析。

② 设置专门的洽谈区域，为特定行业的参展商和买家提供一对一的商务配对服务。

③ 提供行业特色产品或技术的现场演示，增强活动的吸引力。

④ 活动后，继续与目标参展商保持联系，提供定制化的合作方案，促进长期合作关系的建立。

通过上述不同招商活动类型的组织与实施，会展组织者能够更精准地触达目标受众，提升招商活动的效率和效果。在实施过程中，持续的创新和细致的执行是关键，只有这样，才能在竞争激烈的会展市场中脱颖而出，实现招商活动的最大价值。

## 第三节 推广渠道选择与内容设计

### 一、推广渠道选择

推广渠道，作为会展信息传播的核心路径，是指将会展的相关信息、品牌形象以及市场价值传递给目标受众的各种媒介和平台。这些渠道发挥着会展与受众之间的沟通桥梁作用。

## （一）推广渠道分类

### 1. 传统推广渠道

传统推广渠道是指那些长期以来被广泛应用于市场推广，且在当前仍然具有一定影响力的媒介和平台。在会展推广中，传统推广渠道仍然占据着重要的地位，它们以独特的方式触达目标受众，为会展活动带来稳定的曝光度和关注度。

（1）报纸杂志广告。通过在行业相关的报纸杂志上刊登广告，可以直接向潜在受众传递会展信息。这种方式具有较高的权威性和可信度，适用于塑造会展品牌形象和传达核心价值。

在选择报纸杂志时，要考虑其受众群体与会展目标受众的匹配度，以及报纸杂志的发行量和影响力。同时，广告的设计要具有吸引力，能够突出会展的亮点和特色，以吸引潜在受众的注意。

（2）电视广播广告。利用电视和广播等传统媒体播放广告，可以覆盖更广泛的受众群体。这种方式通过视觉和听觉的双重刺激，能够吸引更多潜在受众的注意，并提升会展的知名度。

在选择电视广播广告时，要考虑广告的播放时段、频道或电台的选择，以及广告的创意和设计。同时，要注意广告的预算和成本，确保在有限的预算内达到最佳的推广效果。

（3）户外广告。户外广告一般指海报、横幅、灯箱等户外媒体形式，能够在特定地点或区域形成强烈的视觉冲击力，吸引过往人群的注意。户外广告适合用于在会展活动举办地或周边区域进行有针对性的推广。

在选择户外广告时，要考虑广告的投放地点、投放时间以及广告的设计和制作。同时，要注意与当地政府和相关部门的沟通协调，确保广告的合法性和合规性。

（4）直邮与电子邮件营销。通过邮寄或电子邮件的方式，将会展信息直接发送给潜在受众。这种方式具有较高的针对性和个性化程度，可以根据受众的特点和需求进行定制化的推广内容设计。

在进行直邮和电子邮件营销时，要注意受众的选择和定位，确保推广内容能够准确地传达给目标受众。同时，要注意邮件的标题和内容的设计，以吸引受众的注意并促使他们采取行动。此外，还要遵守相关的法律法规和隐私权，确保推广活动的合法性。

微课

会展推广渠道——数字渠道

### 2. 数字推广渠道

数字推广渠道是指利用互联网和数字化技术进行市场

推广的媒介和平台。在会展推广中，数字推广渠道发挥着越来越重要的作用，它们以精准、高效的方式触达目标受众，为会展活动带来广泛的曝光度和高度的关注度。

（1）社交媒体平台推广。社交媒体平台是用户活跃度高、互动性强的数字推广渠道。通过在微信、微博、抖音等社交媒体上创建会展官方账号，发布会展信息、活动亮点、参展商动态等内容，并与他们进行实时互动，可以吸引潜在受众的关注。

在选择社交媒体平台时，需要考虑目标受众的社交媒体使用习惯、平台的用户基数以及推广预算等因素。

（2）官方网站与微网站推广。官方网站是会展活动在互联网上的门面，是提供详细会展信息、在线报名、参展商查询等功能的重要平台。微网站则是针对移动设备优化的官方网站，方便用户在手机上浏览和获取信息。通过官方网站和微网站的建设和推广，可以提高会展活动的专业形象。

在建设官方网站和微网站时，需要注重用户体验和界面设计，确保网站内容丰富、易于导航，并提供便捷的在线报名和参展商查询功能。同时，通过搜索引擎优化（SEO）和社交媒体推广等方式，可以提高网站的访问量和知名度。

（3）在线广告推广。在线广告是通过搜索引擎、社交媒体、行业网站等渠道投放的广告形式。通过精准的关键词定位、受众定向和创意设计，在线广告能够吸引潜在受众的点击和访问，提高会展活动的曝光度和点击率。

在选择在线广告时，需要考虑目标受众的搜索习惯、广告平台的用户基数以及推广预算等因素。

（4）内容营销推广。内容营销是通过创作和分享有价值的内容来吸引潜在受众的推广方式。通过撰写长文章、制作专业视频、发布白皮书等形式的内容，可以提供有关会展的详细信息、行业趋势、参展价值等，吸引潜在受众的兴趣和关注。

在进行内容营销时，需要注重内容的质量和创意性，确保内容具有吸引力和价值性，并可通过社交媒体推广、电子邮件营销等方式，将内容传播给更多的潜在受众。

### 3. 行业特定渠道

行业特定渠道是指在特定行业内，针对该行业的受众群体进行推广的媒介和平台。在会展推广中，行业特定渠道具有高度的针对性和专业性，能够直接触达目标受众，为会展活动带来精准的曝光度和关注度。

（1）行业期刊与杂志推广。行业期刊与杂志是特定行业内受众群体广泛阅读的媒介，通过在行业期刊与杂志上刊登会展广告或文章，可以直接向目标受众传递会展信息，提高会展在行业内的知名度和影响力。这种方式具有较高的权威性和可信度，适合用于塑造会展品牌形象和传达核心价值。

在选择行业期刊与杂志时，需要考虑目标受众的阅读习惯、期刊与杂志的发行量以及推广预算等因素。

（2）专业展会与会议推广。专业展会与会议是特定行业内的重要交流活动，通过在专业展会与会议上设置展位、举办研讨会或参与行业论坛等方式，可以直接与目标受众进行面对面的交流和互动，提高会展活动的知名度和影响力。这种方式能够直接触达潜在参展商和专业观众，为会展活动带来高质量的曝光和商机。

在选择专业展会与会议时，需要考虑目标受众的参与度、展会与会议的规模和影响力以及推广预算等因素。

（3）行业协会与商会合作推广。行业协会或商会是特定行业内的权威组织，通过与行业协会与商会建立合作关系，可以借助其资源和影响力进行会展推广。例如，可以与行业协会共同举办活动、发布行业报告或合作推广会展活动等，提高会展活动在行业内的知名度和影响力。

在选择行业协会与商会合作时，需要考虑其在行业内的地位和影响力、合作方式和推广预算等因素。通过建立紧密的合作关系，并共同设计和实施推广计划，可以为会展活动带来行业内的广泛认可和支持。

4．合作伙伴渠道

合作伙伴渠道在会展推广中扮演着至关重要的角色。通过与拥有共同目标受众或互补资源的其他企业或组织建立合作关系，会展主办方可以拓宽推广渠道，提高会展活动的知名度和影响力。

（1）合作伙伴的官方网站与社交媒体。合作伙伴的官方网站和社交媒体平台是展示会展信息的重要窗口。通过在这些平台上发布会展活动相关的内容，可以直接吸引潜在受众的关注。

值得注意的是，要确保发布的内容与合作伙伴的品牌形象和价值观相符，同时遵守平台的规则和政策。

（2）合作伙伴的客户数据库。合作伙伴的客户数据库是宝贵的营销资源。通过合作，会展主办方可以向这些受众发送定制化的会展信息，提高推广的针对性和效果。

在使用客户数据库时，要遵守相关的隐私政策和法律法规，确保推广活动的合法性和合规性。

（3）跨界合作与推广。跨界合作是指与不同行业但具有互补性的企业或组织建立合作关系。通过跨界合作，会展主办方可以拓宽推广渠道，吸引更多潜在受众的关注。跨界合作的形式可以多种多样，如品牌联名、联合营销活动等。

在选择跨界合作伙伴时，要考虑双方的互补性和协同效应，以及跨界合作带来的潜在风险和挑战。同时，要确保合作活动的创新性和吸引力，制定合适的合作方案。

### （二）推广渠道选择原则

会展招商活动的市场推广中，渠道选择是举足轻重的一环，合适的推广渠道能够使信息以最准确的方式传达给目标受众，从而有效地提高招商成果。推广渠道选择应遵循以下原则。

#### 1. 目标一致性

在选择推广渠道时，首要原则是确保渠道与会展的目标相符。这意味着所选渠道应能有效传达会展的核心信息，吸引目标受众，并促进招商目标的实现。在选定渠道前，需明确会展的招商目标，分析各渠道的特点和优势，进而选择与目标最为契合的渠道进行推广。

#### 2. 成本效益高

成本效益分析是对各渠道的投入产出比进行评估，由此选择性价比最高的渠道进行推广。在进行成本效益分析时，需考虑渠道的投入成本（如广告费用、人力成本等）和预期效益（如增加的参展商数量、提升的品牌曝光度等）。通过对比不同渠道的投入产出比，选择效益最高的渠道进行重点推广。

#### 3. 多渠道组合

多渠道协同推广可以形成互补效应，提高整体推广效果。在制定渠道组合策略时，需考虑各渠道的特点和优势，以及它们之间的互补关系。在进行多渠道组合时，要分析会展的目标和受众特点，确定哪些渠道组合最适合触达目标受众,并确保信息在不同渠道间的一致性和连贯性。通过多渠道协同推广，可以覆盖更广泛的受众群体，提高招商效果。

#### 4. 测试与优化

推广渠道的效果并非一成不变，需要通过不断地测试和优化来提升。可以设定 A/B 测试方案，对不同渠道或同一渠道的不同推广方式进行对比测试，通过收集数据和分析结果，可以了解哪些渠道或推广方式效果更佳，进而对推广策略进行优化调整。同时，也需要定期评估整体推广效果，根据市场反馈和受众行为变化及时调整渠道选择策略。

## 二、推广内容设计策略

会展内容设计是对会展项目推广中所要传达的信息进行精心策划、组织和呈现的过程。它不仅仅局限于文字的编辑和排版，而是涵盖了整个信息的传递链条，包括信息的筛选、提炼、结构化、视觉化以及互动性的设计。会展内容设计策略一般包含以下几个方面。

### （一）核心信息提炼

#### 1. 明确推广目标

明确目标受众是谁，他们可能是参展商、专业观众、媒体或行业影响者等。了解目标受众的需求、兴趣和偏好，有助于更准确地提炼核心信息。同时根据会展的整体战略和目标受众的特点，设定具体的推广目标。

#### 2. 提炼关键信息

从会展的众多信息中筛选出最具吸引力和说服力的内容，这些内容能够突出会展的价值、亮点和与众不同之处。

#### 3. 突出独特价值

思考会展活动相比其他同类活动有哪些独特的卖点或优势，明确会展活动能够为目标受众带来的具体价值和益处。将这些价值主张融入核心信息中，以增强说服力。

#### 4. 核心信息表述

将提炼出的核心信息用清晰、有条理的方式表述出来。可以使用简洁的语句或口号来概括会展的独特价值和吸引力。同时确保在不同推广渠道和材料中使用的核心信息保持一致性和连贯性，以增强品牌识别度和记忆点。

### （二）视觉与文案

视觉设计和文案创作在内容设计中共同塑造了会展品牌形象，直接影响着受众的情感反应和行为决策。

#### 1. 视觉设计

（1）色彩方案。色彩能够激发特定的情绪和联想，例如，蓝色常给人以信任和稳定的感觉，绿色则关联着自然与和谐。选择与会展主题和品牌价值观相匹配的色彩方案。

（2）图像与图形。使用高质量的图片、图标和信息图来补充文字信息，帮助传达复杂概念或数据。确保图像版权合法，且在不同设备上都能清晰显示。

（3）布局与排版。良好的布局可以引导观众的视线，使信息层次分明，易于理解。使用清晰的标题、子标题和列表来组织内容，确保文本块之间有足够的空白区域，避免视觉混乱。

（4）品牌一致性。在所有视觉材料中保持品牌标识、字体和风格的一致性，强化品牌认知。

（5）创新元素。探索动态图形、动画或交互式元素，以增强视觉吸引力和用户体验。

2．文案创作

（1）明确信息层级。先用简短有力的标题或标语抓住注意力，再用详细描述填充，确保核心信息在第一时间传达给受众。

（2）故事讲述。人们更容易记住故事而不是数据。通过叙述会展的背景、目标和亮点，或者分享成功案例和客户见证，构建情感联系。

（3）行动号召。每段内容都应包含明确的行动号召，指示受众下一步要做什么，如“立即注册”、“了解更多详情”或“分享给朋友”。

（4）关键词优化。在适当的地方嵌入关键词，以提高在线内容的搜索引擎排名，但要避免过度堆砌，保持自然流畅的文风。

（5）文化尊重。尊重目标市场的文化和语言习惯，避免使用可能引起误解或冒犯的词汇。

（6）个性化与本地化。根据目标受众的偏好和语言，调整文案内容，使其更具亲和力和相关性。

3．视觉和文案整合

（1）视觉元素与文案的互补。视觉元素，如图片、图表、色彩等，具有直观、生动的特点，能够迅速吸引受众的注意力。而文案则通过文字来传达具体的信息和理念。在整合时，应充分利用视觉元素的吸引力，结合文案的精准表述，使二者相互补充，共同传达会展的核心价值和招商信息。

（2）风格统一与差异化。在整合视觉与文案时，需要确保二者在风格上保持一致。这意味着视觉元素和文案都应符合会展的整体品牌形象和风格定位。同时，也要在统一的基础上寻求差异化，使内容在众多信息中脱颖而出。这可以通过独特的视觉设计、创新的文案表述等方式来实现。

（3）层次分明的整合策略。为了使视觉与文案的整合更加有效，需要注重层次的分明。首先，要明确核心信息和次要信息，确保重要信息得到突出展示。其次，在视觉元素和文案的排版上，要注重层次感，使内容条理清晰、易于理解。例如，可以通过字体大小、颜色对比、空间布局等手段来区分不同层次的信息。

（4）情感共鸣与行动号召的结合。在整合视觉与文案时，还要注重情感共鸣与行动号召的结合。通过视觉元素激发受众的情感共鸣，使他们对会展活动产生兴趣和好感。同时，结合文案中的行动号召，引导受众采取进一步行动，如注册参展、了解更多信息等。这种结合方式可以极大地提升内容的转化率和传播效果。

**注意事项**

- 在选择视觉元素时，要确保其高质量和与会展主题的契合度。
- 文案的撰写要简洁明了，避免冗长和复杂的表述。
- 注重视觉元素与文案的排版和布局，使内容整体协调、美观。
- 在整合过程中，要不断进行测试和优化，确保内容的有效性和吸引力。

**实例精粹**

多渠道推广的北京国际汽车展览会

实例精粹

多渠道推广的北京国际汽车展览会

## 第四节　媒体合作与管理策略

### 一、会展媒体合作框架

#### （一）媒体研究与选择

1．了解会展的目标受众

了解目标受众包括他们的年龄、职业、兴趣和媒体消费习惯。这将有助于确定哪些媒体渠道最有可能吸引这些受众。

2．媒体分类

将媒体按照类型分类，如传统媒体（电视、广播、报纸、杂志）、在线媒体（网站、博客、新闻门户）、社交媒体（微博、微信、抖音、小红书）以及行业垂直媒体。不同类型媒体的受众和传播效果各有侧重。

3．媒体影响力评估

研究媒体的覆盖范围、受众数量、内容质量、互动水平和行业影响力。可以通过媒体的官方数据、第三方分析报告或行业排行榜来获取这些信息。

4．合作潜力分析

考虑媒体是否愿意与会展进行合作，是否有过往合作的先例，以及它们是否能提供创新的宣传方式或优惠的广告套餐。

5．竞争分析

了解竞争对手使用的媒体渠道，这有助于发现尚未充分开发的渠道，或者找到与竞争对手不同的合作角度。

6．成本效益分析

评估与不同媒体合作的成本和预期回报，选择能够提供最佳性价比的媒体。

### （二）合作策略制定

为每个选定的媒体伙伴制定合作策略。这可能包括新闻发布、专题报道、广告投放、内容合作、活动赞助或联合举办特别活动。策略应考虑媒体的特色、会展活动的亮点以及双方的利益点。

### （三）内容策划与生产

与媒体伙伴协作，策划并生产高质量的媒体内容。这可能涉及撰写新闻稿、准备访谈提纲、制作视频或策划社交媒体活动。内容应围绕会展活动的核心信息，吸引媒体关注并引发公众兴趣。

### （四）媒体关系管理

建立和维护与媒体的良好关系。这包括定期沟通、提供独家报道机会、邀请媒体参加预展或幕后访问，以及及时回应媒体查询。良好的媒体关系是持续合作和正面报道的基础。

## 二、会展媒体管理策略

### （一）新闻材料准备

1．新闻稿撰写

精心撰写新闻稿，突出会展的独特卖点、亮点和价值，确保信息的吸引力和新闻价值。

2. 媒体套件制作

准备综合的媒体套件，包括新闻稿、背景资料、企业简介、发言人信息、高清图片、视频片段和联系信息，便于媒体使用。

3. 故事策划

构思有趣、引人入胜的故事角度，结合会展的主题和亮点，使会展成为媒体关注的焦点。

### （二）媒体沟通与联络

1. 媒体邀请

主动与目标媒体建立联系，包括建立长期的媒体关系。提前邀请媒体参加会展的新闻发布会、专题研讨会和其他重要活动，提供详细的日程安排和访问指南。

2. 媒体培训

为会展发言人提供媒体培训，包括如何应对媒体提问、保持信息一致性和专业性，以及如何有效传达关键信息。

### （三）活动期间的媒体管理

1. 媒体中心设置

在会展现场设立媒体中心，提供高速互联网接入、工作空间、充电站和打印服务，方便媒体工作。

2. 现场采访协调

安排媒体采访，确保发言人准备充分，信息传递准确无误，同时尊重媒体的采访需求和时间表。

3. 即时信息更新

在活动期间提供实时更新，包括新闻发布、现场亮点和独家专访，以吸引媒体的持续关注和报道。

### （四）后期跟踪与评估

1. 媒体报道监测

利用媒体监测工具或服务，跟踪会展在各媒体平台上的报道情况，包括提及次数、报道范围和情感倾向。

2. 效果评估

分析媒体报道的数量、质量、影响力和受众反应，评估媒体关系管理策略的有效性。

3．反馈循环

根据评估结果调整媒体策略，持续改进媒体关系管理，包括内容优化、渠道选择和沟通技巧的提升。

## 实例精粹

实例精粹

广州国际照明展览会媒体合作之路

### 广州国际照明展览会媒体合作之路

## 融思贯通

本章系统阐述了会展招商策略与推广计划的制定与实施，涵盖了从市场定位到招商执行，再到推广渠道与内容设计，以及媒体合作与管理策略的全方位内容。

其一，本章明确了会展招商的核心地位，旨在吸引和动员参展商、专业观众、赞助商等关键参与者。通过深入讨论招商定位与目标的设定，强调了基于行业趋势、竞争格局和目标受众分析制定具体、可衡量的招商目标的重要性。

其二，本章详细分析了目标受众，包括参展商、专业观众和赞助商的需求与偏好，为制定精准有效的招商策略提供了坚实的基础。同时，构建了招商策略框架，该框架包含了定制化招商方案设计、营销渠道与传播内容构建，以及风险评估与应对策略规划，为会展招商活动提供了系统性的指导。

其三，本章强调了合作伙伴战略的重要性，指出通过与行业协会、专业组织、媒体、服务供应商等建立稳固的合作关系，可以构建多维合作体系，进而提升会展的吸引力和影响力。这种战略性的合作不仅拓宽了招商渠道，还增强了会展的专业性和行业地位。

其四，在招商计划与执行部分，本章详细介绍了招商时间表的制定、关键节点的设定、招商任务的分解与排序，以及招商手册的编写与组织招商活动。这些内容为招商工作的有序进行提供了明确的指导和保障，确保了招商活动的顺利进行和高效执行。

其五，本章还深入探讨了推广渠道的选择与内容设计策略。通过对传统渠道、数字渠道、行业特定渠道和合作伙伴渠道的全面分析，提出了根据目标受众特点和偏好动态调整推广渠道组合的建议。同时，强调了内容设计在推广中的重要性，指出通过提炼核心信息、优化视觉与文案设计，可以提升推广效果，吸引更多目标受众的关注。

其六，在媒体合作与管理策略方面，本章介绍了会展媒体合作框架的构建和管理策略的实施。通过媒体研究与选择、合作策略制定、内容策划与生产、媒体关系管理等合作内容，以及新闻材料准备、沟通与联络、活动期间媒体管理、后期跟踪与评估等环节的详细阐述，为会展项目如何通过媒体合作提升知名度和影响力提供了过程性指导。

综上所述，本章内容全面而深入，不仅为会展招商策略与推广计划的制定与实施提供了系统的理论指导，还通过实例精粹展示了这些策略在实际操作中的应用和效果。

1．请结合本章内容，分析会展招商策略与推广计划之间如何相互协同，共同推动会展项目的成功？在实际操作中，如何确保二者之间的紧密配合与有效执行？

2．在选择会展推广渠道时，如何平衡传统渠道与数字渠道的使用？面对多元化的媒体环境，如何根据目标受众的特点和偏好，动态调整推广渠道组合，以实现最佳的传播效果？

3．在会展内容设计中，如何平衡创意与实效？如何通过创意性的内容设计吸引目标受众的注意，同时确保信息的准确传达和招商目标的达成？请给出具体的策略或案例。

4．媒体合作在会展推广中扮演着怎样的角色？请阐述如何通过有效的媒体合作策略提升会展的知名度和影响力。

## 展技实操

### 会展招商策略与推广计划

#### ➤ 实训目标

通过本次实训，使学生能够掌握会展招商策略与推广计划的制定与实施方法，培养学生的市场分析能力、创新思维和实践操作能力，特别是在会展项目的选择、市场定位、招商策略制定、推广渠道选择与内容设计等方面的技能。

➢ **实训内容与步骤**

一、会展招商策略实训

1. 实训任务：为所选会展项目制定招商策略。

2. 实训步骤：

目标受众分析：研究参展商、观众和赞助商的需求和偏好。

招商目标设定：确定参展商数量与质量、观众构成与规模、赞助与合作的目标。

招商方案设计：定制化招商方案，包括展位定价、赞助机会、合作模式等。

营销渠道选择：选择合适的线上线下推广渠道，构建营销信息。

二、会展推广计划实训

1. 实训任务：设计并执行会展的推广计划。

2. 实训步骤：

内容设计：提炼核心信息，设计视觉与文案，构建吸引人的故事。

渠道选择：根据目标受众偏好选择合适的推广渠道，如社交媒体、电子邮件、官方网站等。

实施推广：执行推广计划，监测效果，进行必要的调整。

数据分析：评估推广活动的效果，收集观众反馈，优化后续策略。

➢ **实训要求**

学生应积极投入到实际训练中去，收集资料，进行分析，做好计划。团队协作、分工合作、齐心协力完成任务。

实战训练的成果要体现招商策略使用方法，策划思路的创新，执行方案的细致。

实训结束后，学生应提交完整的实训报告和招商推广方案（包括市场分析、计划方案、实施流程、效果评估等内容），并对招商推广方案进行汇报。

➢ **实训评价**

教师根据方案可行性与创新性、实训过程中的参与度和团队合作、报告质量与汇报效果进行综合评价。

方案可行性：根据会展项目市场计划的合理性以及相关推广渠道和内容的适配性进行评分。

创新能力：评价方案的独特性和新颖性。

团队协作：依据小组成员之间的个人贡献度、沟通协调能力和合作精神进行评估。

报告质量：根据实训报告的完整性、条理性以及表达清晰度进行打分。

现场表现：评估实训小组在成果展示过程中的汇报表现。

实训成绩将计入课程总评，反映学生在会展策划领域的综合能力。

## 本章习题

### 一、单选题

1. 会展招商工作的核心目标是：（　　）

A　增加展位费用收入

B. 吸引和动员目标参展商、专业观众等参与者

C. 提升会展举办城市的知名度

D. 降低招商成本

2. 在会展招商策略中，定制化招商方案设计主要基于：（　　）

A. 会展组织者的主观意愿

B. 目标参展商和观众的需求

C. 行业竞争对手的招商策略

D. 会展场地的规模

3. 以下哪项不属于会展招商计划的关键节点：（　　）

A. 招商启动节点

B. 参展商布展节点

C. 招商进度评估节点

D. 关键报名截止节点

4. 在推广渠道选择中，传统推广渠道不包括：（　　）

A. 社交媒体平台推广　　B. 电视广播广告

C. 户外广告　　D. 直邮与电子邮件营销

5. 会展内容设计策略的首要步骤是：（　　）

A. 视觉与文案设计　　B. 核心信息提炼

C. 媒体合作策略制定　　D. 推广渠道选择

### 二、多选题

1. 会展招商工作涵盖的内容包括：（　　）

A. 招展　　B. 招商

C. 招募赞助商　　D. 寻求合作伙伴

2. 招商策略框架的主要组成部分有：（　　）

A. 定制化招商方案设计

B. 营销渠道与传播内容构建

C. 风险评估与应对策略规划

D. 参展商服务计划

3. 制定招商计划时，需要确定的关键节点包括：（　　）

A. 招商启动节点

B. 招商进度评估节点

C. 关键报名截止节点

D. 会展结束总结节点

4. 数字推广渠道在会展推广中的优势包括：（　　）

A. 覆盖范围广　　　　B. 受众定位精准

C. 互动性强　　　　D. 成本高昂

5. 会展内容设计策略中，视觉与文案设计的要点包括：（　　）

A. 选择与会展主题相符的色彩方案

B. 使用高质量的图片和信息图

C. 文案创作要注重故事讲述和行动号召

D. 视觉元素与文案风格无须统一

## 三、判断题

1. 会展招商工作直接关系到会展活动的规模、质量和影响。（　　）

2. 在招商策略中，不需要对目标受众进行深入分析。（　　）

3. 招商手册是会展招商项目中至关重要的宣传资料，对吸引潜在参展商具有重要作用。（　　）

4. 推广渠道选择时，应优先考虑成本最低的渠道，以实现效益最大化。（　　）

5. 在会展内容设计中，核心信息提炼是首要步骤，要求从繁杂信息中挑选出最具吸引力的内容。（　　）

习题答案

# 第六章

# 会展相关活动组织与流程设计

## 思维导图

- 会展相关活动组织与流程设计
  - 会展相关活动概述
    - 会展相关活动定义
    - 举办会展相关活动的原因
    - 影响会展相关活动的关键因素
  - 会展主题会议策划与流程安排
    - 开展市场调研
    - 定义会议类型
    - 设定会议目标
    - 明确会议主题
    - 确定参会人群
    - 设计会议议程与形式
    - 场地选择与布置规划
    - 会议宣传推广
    - 会议接待安排
    - 会议安全保障
    - 效果评估以及后续跟进
  - 会展其他相关活动设计
    - 开幕式和闭幕式
    - 主题晚宴
    - 专业参观活动
    - 展会现场相关活动
    - 颁奖典礼

## 学习目标

• 掌握会展相关活动的定义、类型和关键影响因素

• 熟悉会展主题会议策划的流程，能够根据市场趋势、技术进步和政策法律策划并执行主题会议

• 熟悉会展相关活动流程环节，能够根据会展活动主题设计有创意的相关活动方案

## 开篇导引

2024年11月5日至10日，第七届中国国际进口博览会在上海国家会展中心成功举办。本届进博会以“新时代，共享未来”为主题，致力于发挥其作为国际采购、投资促进、人文交流与开放合作四大平台的核心作用，进一步推动高水平开放。整个展览展示面积超过了42万平方米，吸引了来自152个国家、地区及国际组织的参与，共同亮相国家展和企业展。虹桥论坛围绕“坚持高水平开放，共促普惠包容的经济全球化”这一主题，成功举办了主论坛及19场专题分论坛。此外，进博会期间还精心策划了一系列配套活动和人文交流项目，类别如下。

（1）政策解读类。相关政府部门、行业组织、研究机构等开展形式多样的政策发布、权威分析、深度解读、趋势研判等活动，促进开放合作。

（2）对接签约类。交易团、采购商、参展商、招展招商合作单位、进博会支持单位、行业组织等举办需求发布、供需洽谈、签约仪式等活动，促进国际采购。

（3）产品展示类。参展企业特别是世界500强和行业龙头企业举办新产品发布、新技术推广、新服务展示等活动，持续打造“进博发布”平台，提升国际影响力。

（4）投资促进类。地方政府、产业园区、投资促进机构等举办营商环境推介、省州交流合作、产业对接研讨等活动，促进境内外双向投资和产业合作。

（5）文化交流类。地方政府组织开展非物质文化遗产、中华老字号、步行街、旅游等相关展演，以及具有地域或民族特色的公益演出；参展国家（地区）开展宣传推介、世界级非物质文化遗产展示交流等活动，促进

人文交流。

（6）研究发布类。国际组织、行业组织、科研机构、专业机构等举办与进博会主题定位相契合的行业研讨、科研交流、研究成果分享等活动，促进创新互鉴。

（7）其他类别。除以上类别外，配套现场活动还包括其他类别，如行业年会、客户答谢会等。

如上所述，本届进博会展会的内容和形式丰富。请思考，除了国家综合展、企业商业展和虹桥国际经济论坛，进博会组织和安排了哪些配套活动？这些配套活动发挥了什么作用？如何策划和组织这些活动？

# 第一节　会展相关活动概述

## 一、会展相关活动定义

微课

会展相关活动

会展相关活动是指围绕展览或会议等核心活动展开的一系列辅助和支持性活动。展览项目的相关活动包括但不限于附设主题会议、开幕式、新闻发布会、竞赛等；会议项目的相关活动包括但不限于附设展览、开幕式、闭幕式、颁奖典礼、主题晚宴、专业参观等。这些活动共同形成了会展活动的有机整体，旨在丰富会展活动的形式与内容，提升参与者的体验，并实现活动的多重目标。

### （一）主题会议

作为会展活动的重要组成部分，主题会议提供了一个专业的平台，使行业专家、学者、企业家、投资者等能够就行业发展趋势、技术创新等问题进行深入交流和探讨，促进知识共享和业务合作。

### （二）附设展览

附设展览是指在会议期间举办的展览活动，通常与会议的主题密切相关，将展览的直观展示与会议的深度讨论相结合，旨在为参会者提供一个直观了解最新产品、技术和研究成果的平台。

### （三）开幕式

作为会展活动的开端，开幕式通过领导致辞、重要嘉宾发言、文化表演等形式，为会展活动定下基调，吸引参与者的注意力，并营造积极向上的氛围。

### （四）闭幕式

闭幕式则是会展活动的一个总结，它通过回顾会展期间的亮点、展示取得的成果，并对未来的方向进行展望，使参与者对会展有一个完整的认知。

### （五）新闻发布会

作为信息发布的重要渠道，新闻发布会向公众传达会展的相关资讯，如预期召开、重要成果、合作情况等，扩大活动的社会影响。

### （六）竞赛

通过设置各类竞赛活动，如创新挑战赛、设计大赛等，可以激发参会者的参与热情，挖掘行业新秀，促进技术创新。

### （七）颁奖典礼

会展活动中的颁奖典礼是一种特殊的仪式，它通过表彰在特定领域或活动中表现突出的个人或机构，来庆祝和认可他们在行业内的杰出贡献。颁奖典礼作为会展活动的一部分，有助于营造积极的竞争氛围，促进行业内优秀成果的展示和传播。

### （八）主题晚宴

作为会展期间的一项社交活动，主题晚宴提供了一个轻松的环境，让参与者在非正式的场合中交流感情，增进彼此之间的了解与信任，同时也有助于拓展个社交网络，为进一步的合作奠定基础。

### （九）专业参观

组织参观相关的产业园区、生产现场、实验室、示范项目等，使参与者能够直观地了解行业现状和发展水平，促进实际应用层面的学习和交流。

通过以上这些活动，会展不仅仅是一个简单的展示平台，更是成为了一个集信息交流、商务洽谈、文化传播、社会交往为一体的多功能平台，极大地提升了会展的价值和意义。

## 实例精粹

实例精粹

数字中国建设峰会

### 数字中国建设峰会

## 二、举办会展相关活动的原因

### （一）丰富内容和增强体验感

会展相关活动通过多样化的形式，如主题会议、竞赛、颁奖典礼、主题晚宴等，不仅丰富了会展活动的内容，还提升了参与者的体验感。这些活动为参与者提供了多层次的互动机会，使会展活动不再局限于静态的产品展示，而是成为一个集展示、交流、学习于一体的综合体验平台。

### （二）增强影响力与权威性

会展相关活动通过各种仪式和交流平台，可以增强会展活动本身的影响力。例如，开幕式的举办能够吸引更多的参与者和媒体的关注，提升会展的知名度；而闭幕式则通过总结和展望，为会展画上圆满句号的同时，展望未来，巩固会展的品牌形象。

### （三）促进信息传播与知识共享

会展相关活动是重要的信息传播渠道，如新闻发布会和主题会议，它们或者发布咨询通告，或者分享最新的行业动态、研究成果和政策导向，这些活动不仅确保了信息的及时更新与广泛传播，还促进了业内人士的深度交流。这种透明的信息共享机制还能激发创新思维，促进新理念和新技术的应用与发展，从而为行业注入持续发展的活力。

### （四）激发创新与竞争精神

会展相关活动是展示新技术、新成果、推动行业创新的重要手段，如竞赛活动能够激发参与者的创新精神和竞争意识，通过设置挑战性的任务和奖项，鼓励参与者展示最佳的创意和技术解决方案，促进技术进步；而颁奖典礼则表彰优秀成果，彰显行业标杆与模范，进一步激发行业内的积极进取氛围，推动整体水平的提升。

### （五）加强交流与合作

会展活动不仅是展示产品和技术的平台，更是促进人际交流和商业合作的重要场所。通过颁奖典礼和主题晚宴等正式与非正式的活动，参与者获得了加强交流与合作的机会。特别是在主题晚宴这样轻松的氛围中，人们更容易建立信任关系，增进彼此的理解与友谊。

### （六）实践学习与经验借鉴

会展相关活动是参与者获得实践经验与借鉴成功案例的重要途径，例如，专业参观活动让参与者有机会亲眼见到先进的技术和实践案例，有助于加深对行业现状的理解，吸取成功的经验。通过实地考察，参与者能够更直观地感受到新技术的实际应用效果，了解行业领先者的运作模式，这对于启发新的思路、改进现有流程具有积极作用。

综上所述，举办这些会展相关活动的目的在于通过不同的形式和内容，达到提升会展活动品质、促进参与者之间的互动、推动行业发展等多个目标。每一种活动都发挥着自己独特的作用，共同构成了会展活动的完整体系。

## 三、影响会展相关活动的关键因素

会展相关活动的成功与否受多个关键要素的影响，以下是一些决定性的因素。

### （一）明确的目标

一个成功的会展相关活动首先需要有清晰、明确的目标。这些目标可以是宣传推广、技术交流、增进沟通、社会交往等。这一目标是服务于整个会展活动的核心目标，并与主要会展活动形成一致性和连贯性，二者相互支持、相辅相成，从而提升活动的整体效果和参与者的体验。同时，目标也应该是可衡量的，以便于在活动结束后对其效果进行评估。例如，新闻发布会的目的是帮助会展活动进行宣传推广，发布会后的媒体报道数量、社交媒体提及次数以及目标受众的吸引量都是具体的、可衡量的指标。通过这些指标，主办方可以准确评估新闻发布会的效果，了解其在提高品牌知名度和美誉度方面发挥的作用。

### （二）精心的策划

策划是会展相关活动成功的基石。在策划阶段，需要综合考虑活动的主题、内容安排、时间规划、参与者需求以及预算分配等多个方面。精心策划能够确保相关活动有条不紊地进行，提升参与者的体验，从而达到预期的目标。例如，策划一个庄重而富有仪式感的开幕式，通过精彩的开场表演、领导致辞和重要嘉宾的发言，营造良好的活动氛围。确保开幕式的流程紧凑、有序，让参与者感受到活动的重要性和专业性。

### （三）充足的预算

预算是会展相关活动成功的物质基础。合理的预算规划不仅能够帮助会展组织者控制成本，还能够确保资源的合理分配。预算需要涵盖场地租赁、设备购置、宣传推广、人员费用等多个方面。同时，还需要预留一定的应急资金，以应对可能出现的意外情况。

### （四）专业的团队

一个由行业专家、策划人员、市场营销和客户服务人员组成的专业团队，对会展相关活动的成功至关重要。团队成员的专业技能和丰富经验能够直接影响活动的质量和效果。团队成员之间需要紧密合作，共同为活动的成功贡献力量。例如，在一次国际科技创新展览会上，团队成员共同努力组织了一场“创新设计大赛”。行业专家负责选定竞赛内容，制定了比赛规则和评审标准；策划人员精心设计了比赛流程及配置资源，确保各个环节无缝衔接；市场营销人员通过社交媒体、行业媒体和合作伙伴渠道广泛宣传大赛，吸引了大量参赛者和观众。

### （五）高质量的内容

高质量的内容是吸引和保留参与者的关键。会展组织者需要确保内容具有吸引力、创新性和实用性，能够满足参与者的期望和需求。同时，内容的呈现方式也需要多样化，以增加参与者的兴趣和参与度。在全球化背景下，会展活动需要尊重多元文化，确保活动内容和形式对所有文化背景的参与者都适宜。组织者需要了解不同文化之间的差异和需求，并据此调整活动策略和内容安排。

### （六）个性化体验

在现代社会中，个性化需求越来越受到重视。会展活动组织者可以通过提供定制服务和个性化体验来满足不同参与者的特定需求。例如，为参与者提供个性化的行程安排、定制化的产品展示等。这种个性化的服务能够提升参与者的满意度和忠诚度，为活动增加独特的吸引力。

### （七）优质场地的选择

场地需要满足相关活动的规模需求，同时还需要考虑设施完善度、交通便利性以及环境舒适度等多个方面。优秀的场地选择能够提升参与者的体验，增加活动的吸引力。当然，会展相关活动场地一般都与主活动在同一场馆或靠近主场馆的位置举行，以使参与者方便地往返于主活动和相关活动之间，确保活动的连贯性和整体效果。

### （八）安全和风险管理

安全是会展活动的首要考虑因素之一。组织者需要制定详细的安全计划和应急预案，确保活动的安全进行，并保护参与者和资产的安全。同时，还需要对可能出现的风险进行评估和管理，以降低潜在的安全隐患。尽管精心策划和准备是会展活动成功的基础，但突发事件和不确定性因素仍然难以避免。因此，组织者需要具备灵活应变能力，能够迅速调整计划和策略以应对各种挑战。这种能力可以确保活动的顺利进行，并最大限度地减少潜在风险的影响。

### （九）合作伙伴关系

与供应商、赞助商等合作伙伴建立良好的合作关系对于会展相关活动的成功至关重要。这些合作伙伴能够为活动提供必要的资源和支持，共同为活动的成功贡献力量。同时，与合作伙伴之间的紧密合作还可以提升活动的整体效果和影响力。

综上所述，这些要素相互关联，会展组织者需要对这些要素进行综合考量和精心管理，以确保相关活动既能够达到预期目标，也能够丰富会展整体活动，为所有参与者提供更多价值。

## 第二节　会展主题会议策划与流程安排

会展主题会议是汇聚行业精英、促进知识交流与推动创新发展的重要平台。它通过精心策划和组织，为参与者提供了解行业动态、探索市场趋势、学习新技术及建立商业联系的机会。主题会议既可以是独立的会议项目，也可以作为展览的附设会议。以下是会展主题会议策划与流程的关键步骤。

## 一、开展市场调研

为了确保会议内容的前沿性和实用性，有必要进行市场调研，这有助于筛选出具有高度讨论价值和广泛影响力的主题。具体措施包括：紧随行业动态，识别并分析当前市场热点及未来发展趋势，确保会议主题具备价值性和前瞻性；研究行业政策环境，使会议内容贴合时代脉搏；深入探究行业内的竞争态势，为会议主题的选择提供背景信息；全面了解目标客户的核心需求、偏好及其行为模式，为会议策划提供数据支撑和客户洞察。

## 二、定义会议类型

会议策划之初，要确定活动是行业会议、专业研讨会、产品发布会还是其他类型的会议，不同的会议类型各具特点，且对会议形式、参会群体、资源需求等方面都有不同的要求。策划会议活动，要立足会议活动的类型，精心设计会议形式和内容，确保会议的成功举办和预期目标的实现（见表 6-1）。

表6-1　不同类型会议的特点

| 类型 | 说明 | 特点 | 案例 |
| --- | --- | --- | --- |
| 行业会议 | 针对特定行业或领域内的人士举办的会议 | 促进行业内交流与合作 | 全球移动互联网大会（GMIC），聚焦移动互联网行业的发展与趋势 |
| 技术交流会 | 聚焦于特定技术或技术领域的交流与探讨 | 专业性强，注重技术细节和实践经验的分享 | Google I/O 开发者大会，分享 Android、Web 等技术的最新进展 |
| 专业研讨会 | 针对某一专业领域内的具体问题或主题进行深入探讨 | 议题专业且深入，有助于形成高质量的学术交流和思想碰撞 | 国际人工智能联合会议（IJCAI），探讨人工智能领域的最新研究成果 |
| 产品发布会 | 企业或机构推出新产品或服务时举办的宣传活动 | 注重产品的展示和宣传，吸引媒体关注和公众兴趣 | 华为全场景新品发布会，推出多个全场景智能设备新产品 |
| 产品推介会 | 注重与潜在客户或合作伙伴的直接互动和交流 | 目标明确，注重实效，提供详细的产品信息和优惠政策 | 某化妆品品牌举办的新品推介会，邀请潜在客户体验并购买新品 |

续表

| 类型 | 说明 | 特点 | 案例 |
|---|---|---|---|
| 新闻发布会 | 企业、政府机构或社会组织向新闻媒体发布重要信息的活动 | 正式、权威，注重信息的准确性和时效性 | 第七届中国国际进口博览会新闻发布会，介绍该届世博会筹备情况 |
| 投资洽谈会 | 针对投资者和项目方举办的会议 | 商业性强，注重实效和合作成果的达成 | 中国国际投资贸易洽谈会，促进国内外投资者与项目方的对接与合作 |

## 三、设定会议目标

设定会议目标为整个会议定下明确的方向。通过精确设定会议目标，策划者可以更加有针对性地设计各个环节，无论是专家演讲、企业展示，还是商业配对，都能紧密围绕目标展开，确保每一项活动都服务于会议的整体宗旨（见表6-2）。

表6-2　会议目标与环节策划

| 会议目标 | 策划环节举例 | 环节描述 |
|---|---|---|
| 促进行业交流 | 行业专家主题演讲 | 邀请行业内知名专家进行主题演讲，分享行业经验、趋势分析和最新研究成果，为与会者提供高质量的行业洞见 |
| | 圆桌讨论 | 组织与会者进行圆桌讨论，围绕行业热点问题进行深入探讨，促进不同观点和经验的交流碰撞 |
| | 互动问答环节 | 设立互动问答环节，让与会者向演讲嘉宾或行业专家提问，增加互动性和参与度，深化对行业问题的理解 |
| 推动企业发展 | 企业展示区 | 设立企业展示区，供各企业展示自身产品、技术和解决方案，便于与会者了解企业实力和特色，促进企业间的相互了解与合作 |
| | 企业发展研讨会 | 组织企业发展研讨会，邀请成功企业家分享企业发展经验和战略，为与会企业提供发展思路和方向 |
| | “一对一”商务洽谈 | 安排“一对一”商务洽谈环节，让企业代表之间进行深入交流，探讨合作机会，推动业务合作与发展 |
| 拓展商业合作 | 合作项目推介会 | 举办合作项目推介会，让与会者了解当前可合作的项目和机会，促进合作意向的达成 |
| | 商业配对活动 | 通过商业配对活动，将根据业务需求和兴趣将与会者进行分组，促进潜在合作伙伴之间的初步接触和交流 |
| | 合作协议签署仪式 | 组织合作协议签署仪式，为已经达成合作意向的双方提供一个正式的签约平台，彰显合作成果 |

### （一）促进行业交流

会议作为一个平台，让来自不同企业和机构的专业人士汇聚一堂，分享经验、交流想法。通过深入的行业交流，可以推动行业的进步和发展。

### （二）推动企业发展

会议可以为企业提供展示自身实力和产品的机会，通过与其他企业和专家的交流，企业可以了解行业动态，把握市场趋势，从而制定更为合理的发展战略。

### （三）拓展商业合作

会议还可以促进商业合作，与会者可以借此机会寻找潜在的合作伙伴，探讨合作的可能性和模式，达成互利共赢的合作协议。

## 四、明确会议主题

通过市场调研，明确会议主题至关重要，它不仅能吸引人们的注意，还要具有前瞻性和独特性，以便引发深入、富有成果的讨论（见表 6-3）。

表6-3　会议主题选择原则分析

| 主题选择原则 | | 举例 |
|---|---|---|
| 吸引力 | | |
| 情感共鸣 | 触动情感，与日常生活或职业挑战紧密相连 | 主题：“职场妈妈的挑战与机遇”——聚焦职场女性如何平衡工作与家庭，引发广泛共鸣 |
| 热点话题 | 当前社会或行业内的热点，积聚关注和讨论 | 主题：“数字化时代的教育行业变革”——探讨在线教育、AI 辅助教学等热点话题 |
| 创新元素 | 加入新技术、新理念或新趋势，激发探索欲望 | 主题：“元宇宙与未来社交”——结合元宇宙概念，探讨未来社交模式的可能性 |
| 前瞻性 | | |
| 洞察未来趋势 | 洞察行业或社会的未来发展趋势 | 主题：“碳中和与未来能源布局”——预见未来能源转型趋势，探讨碳中和路径 |
| 引领发展方向 | 提出解决方案或发展方向，引发共同思考 | 主题：“智能制造与工业 4.0 的未来”——引领工业制造业向更智能化、高效化方向发展 |
| 激发创新思维 | 提出新颖观点，跳出传统思维模式 | 主题：“设计思维在解决社会问题中的应用”——鼓励跨界创新，运用设计思维解决复杂社会问题 |

续表

| 主题选择原则 | | 举例 |
|---|---|---|
| 独特性 | | |
| 避免同质化 | 避免与已有会议主题过于相似 | 主题："非遗文化的现代化传承与创新"——聚焦非遗文化，提供独特视角 |
| 突出特色元素 | 融入地域文化、行业特点等特色元素 | 主题："北欧设计与可持续发展"——结合北欧设计理念，探讨可持续发展议题 |
| 创新表达方式 | 采用新颖的表达方式提升主题独特性 | 主题："'绿'动未来：环保与时尚的交融"——创新性地结合环保与时尚，展现独特视角 |

### （一）吸引力

会议主题应该具有吸引力，能够激起与会者的兴趣和好奇心。一个吸引人的主题能够促使更多人参与讨论，提高会议的活跃度和参与度。

### （二）前瞻性

主题应该具有前瞻性，能够引领行业趋势，反映未来发展方向。这样的主题能够激发与会者对未来发展的思考和探讨，促进创新思维的产生。

### （三）独特性

主题应避免与已有的会议主题过于相似，要具有独特性。独特的主题能够让会议在众多同类活动中脱颖而出，提升会议的影响力和知名度。

## 五、确定参会人群

在策划会展主题会议时，确定参会群体是一项至关重要的任务。参会群体直接关系到会议的讨论深度、交流效果以及整体质量。

通过调研，可以了解目标参会群体的行业背景、专业兴趣、需求目的等信息。为了确保会议的目标和效果得以实现，需要对潜在的参会群体进行细致的筛选和定位，必要时可以针对性地制定参会资格和条件。

首先需要明确会议的核心群体。这些群体通常是行业内具有一定影响力、对会议主题有深入了解和兴趣的专业人士。他们可能是行业内的领军企业代表、知名专家或学者、技术领域的领军人物、政府代表等。明确核心群体有助于为会议设定恰当的讨论层次和交流深度。参会重要嘉宾的人选通常来自这些群体。

同时，为了确保会议的多元性和广泛性，需要积极邀请更广泛的参会群体。这包括行业中小企业代表、初创公司、技术研发人员、政府官员、行业投资人以及大众媒体等。通过邀请这些不同背景的参会者，可以丰富会议的内容，促进多方面的交流和合作，提升会议的整体质量和吸引力。

## 六、设计会议议程与形式

为了确保会议的顺利进行，会议策划还应详细规划会议的整体流程和各个环节的时间安排，并选择适宜的会议形式。

首先，需要根据会议的目标和内容，制定详细的议程，它包括会议的各个环节、时间安排、参与者和讨论议题等。议程描述应简洁，避免冗长和复杂，突出每个议题的关键点。合理安排时间保持会议的节奏与活力。明确每个环节的开始和结束时间，确保会议按计划有序进行，同时要留有一定的时间缓冲，以应对可能的延误。此外，在议程中明确标出休息和茶歇的时间，适当的休息有助于保持参会者的精力和注意力。每一个会议环节要有明确的参会对象，这些对象可以是全体与会者，也可以是部分特定与会人群。每一个环节会议活动要有具体的活动目标或议题。

其次，选择合适的会议形式，如专家演讲、对话论坛、圆桌论坛、分组讨论、海报展示、产品演示等，以适应目标参会群体的需求和契合会议内容的特点。同时，需要考虑互动环节的设计，如问答环节、现场互动、参观考察等，以提高参会者的参与度。合理安排会议形式，确保会议活动形式多样而内容丰富，增强参会者的兴趣和积极性，达到预期的效果，提升会议的整体质量和参会者的体验。

## 七、场地选择与布置规划

### （一）场地选择

一个与主题相符、设施完备且布局合理的场地，可以提升会议的专业性和影响力，还能为参会者带来愉悦的体验。因此，在筹备会议时，根据需求筛选合适场地，考虑地理位置、场地设施与技术支持等因素。

#### 1. 地理位置

选择场地时，首先要考虑的是地理位置。一个优越的地理位置能够确保参会者的便捷到达，且周围配套服务相对完善，如果选择著名场馆也有助于提升会议活动的知名度。对于国际会议，选择靠近国际机场或交通枢纽的场地会更为合适。

2. 场地设施

设施完备是选择场地的关键标准之一。必要的设施包括：足够的停车位、宽敞的会议厅、先进的音响和视频设备、稳定的网络连接等。这些都能确保会议的顺利进行。

3. 技术支持

现代会议往往依赖于高科技设备来进行演示和交流。因此，场地是否提供专业的技术支持团队以及能否满足各种技术需求，如高清投影、视频会议系统等，也是重要的考量因素。

（二）布置规划

1. 主题概念设计

根据会议的主题，设计一个与之相匹配的概念。这包括但不限于色彩搭配、装饰元素和灯光效果等，以营造出一个与主题相符的氛围。

2. 空间布局优化

合理规划空间布局，确保参会者有足够的活动空间，同时便于他们与嘉宾、展商或其他参会者进行交流。此外，还要考虑到人流控制的便利性。

3. 细节精致处理

从参会者的角度出发，对每一个细节进行精致的处理。例如，提供舒适的座椅、清晰的指示牌以及便捷的充电设施等，都能大大提升参会者的体验。

## 八、会议宣传推广

（一）制定宣传策略

分析目标群体的特征，如年龄、职业、需求和媒体使用习惯等，明确宣传目标，包括提高知晓度、提升参会率、增强品牌形象、促进互动和参与等，制定有针对性的宣传策略。

微课

会议宣传推广

（二）制定宣传计划

根据宣传策略，制定详细的宣传计划，包括宣传的时间表、使用的媒介、预期达到的效果等。

1. 宣传时间

宣传时间包括会前、会中和会后的宣传起止时间，每个宣传工作推进时间节点。

2. 渠道选择

宣传渠道包括社交媒体、电子邮件营销、行业网站和论坛、合作伙伴网络、传统媒体、在线广告、采访报道等，选择适合目标群体特征和需求的渠道，确保宣传内容能够精准触达目标受众并引起共鸣。

3. 预期效果

会前，通过多渠道宣传，吸引广泛关注，使会议在目标群体中形成较高知名度，吸引更多的专业人士和行业领袖参与。发布会议预告、主题介绍、嘉宾名单等信息，引发目标群体的好奇心和兴趣，增加点击率和转发量。会中，实时发布会议进展、嘉宾演讲、互动环节、现场照片等，增加曝光度和关注度。会后，发布会议的成果和影响，提升会议的行业地位和品牌影响力。

### （三）设计宣传材料

制作高质量的宣传材料，应遵循以下原则，以确保资料内容丰富、形式多样，能够有效吸引目标群体的关注。

1. 目标导向

根据会前、会中、会后不同的宣传阶段，明确宣传资料的目标，设计符合目标群体兴趣和偏好的宣传资料。

2. 清晰明了

宣传资料应使用简洁明了的标题，直接传达会议的核心信息。关键信息应放在显眼位置，便于读者快速获取。内容结构应合理，逻辑清晰，避免冗长和复杂的描述。

3. 信息准确

确保所有信息的准确性，及时更新宣传资料中的信息，确保最新内容的传播。避免使用模糊或误导性的信息，确保内容真实可信。

4. 视觉美观

使用高质量的图片、图表和图标，增加视觉吸引力。采用创意的设计元素，选择符合会议主题的色彩搭配，保持视觉一致性和美观性。

5. 多渠道适应

设计适用于不同渠道的宣传资料。在数字宣传资料中添加交互元素，如链接、按钮、二维码等，增加用户互动。

### （四）利用多渠道宣传推广

通过多种渠道进行会议的推广，实现全方位、多层次的宣传覆盖，提升会议的知名度和影响力。与相关行业的媒体建立良好的合作关系，通过媒体报道来增加会议的曝光度。在宣传过程中，收集来自不同渠道的反馈信息，根据实际情况及时调整宣传策略。

## 九、会议接待安排

联系服务供应商、如交通、住宿、餐饮等，为会议接待提供支持，常见的接待内容包括以下各项。

### （一）交通指引

1. 详细路线

提供从主要交通枢纽（如机场、火车站）到会场的最佳路线图，包括推荐的公共交通方式、驾车路线和预计时间。

2. 停车场信息

明确标注会场附近的停车场位置、费用及开放时间，方便自驾参会者停车。

### （二）接送安排

1. 直接接送

为外地来的参会者提供机场、火车站接送服务。提前收集参会者的航班、车次信息，安排专车或大巴在指定时间接机、接站，并将参会者直接送达会场或预订的酒店。

2. 定时接送

确定具体的接送时间，通常每隔一段时间安排一个班次，从机场或火车站出发，确保参会者能够按时抵达会场或预订的酒店。具体的发车时间和地点在会议资料中详细说明。

3. 定点班车

在会议期间，安排定点班车往返于会场和主要酒店之间，方便参会者出行。班车的发车时间和地点应在会议资料中详细说明，并在会场和酒店设置明显的班车停靠点标识。

4. 临时调度

设立专门的交通协调小组，负责处理临时的交通需求，如紧急接送、额外班次等。参会者可以通过会场服务台或专用热线联系交通协调小组，获取即时帮助。

### （三）住宿安排

#### 1．酒店预订

确定住宿服务供应商，如周边酒店，预留房间并为参会者或嘉宾提供住宿信息，包括酒店名称、地址、联系方式等。

#### 2．个性化服务

根据嘉宾的个性和需求，如身体条件、生活习惯等，提供个性化的住宿安排，比如安静楼层、无障碍设施等。

### （四）餐饮安排

#### 1．茶歇与用餐

根据会议时间和日程安排，提供定时的茶歇、午餐、晚餐等餐饮服务，并确保食品卫生。

#### 2．特别需求

考虑参会者的特殊饮食需求，如素食、饮食禁忌等。

### （五）日程安排

#### 1．详细日程

制定会议期间的详细日程安排，包括会议的开始和结束时间、各个环节的时间表、用餐时间等，便于参会者能按时参加各项活动。

#### 2．签到注册

在会场入口处设立签到处，准备签到表或使用电子签到系统，确保参会者能够快速完成签到流程。

#### 3．资料准备

为每位参会者准备会议资料包，内部装有会议手册、参会指南、名片夹、笔和记事本等，确保资料齐全。

### （六）个性化接待

#### 1．专门接待

为重要嘉宾安排专门接待，包括购买票务、接送服务、酒店订房，甚至提供全程一对一的专人服务，确保他们的需求得到及时响应。

2. 特别关照

针对有特殊需求的嘉宾，如老年人、残障人士等，提供必要的帮助和支持，确保他们能够顺利参会。

## 十、会议安全保障

### （一）现场安全保障

对会议场地进行全面的安全检查，检查对象包括消防设施、疏散通道、安全出口等。确保会场内消防设施齐全且功能正常，如灭火器、消防栓、烟雾报警器等可用。严禁在会场内吸烟，严格管理易燃物品的存放和使用。安装监控摄像头，实时监控会场内外的情况，及时发现并处理安全隐患。

在会场内外部署专业安保人员，负责维护秩序和场地安全。实施严格的参会者身份验证，确保只有注册参会者和工作人员可以进入会场。

### （二）医疗保障

熟悉会场周围的医疗机构，掌握紧急医疗联络信息，确保在发生医疗紧急情况时能够迅速联系到医疗机构。会场内配备急救药品和设备，必要时安排专业医务人员驻场，随时应对突发医疗事件。

### （三）交通安全保障

对会场内外的车辆进行有序管理，确保接送车辆的安全性能，驾驶员需经过严格培训，确保行车安全。

### （四）应急预案

评估会议期间可能遇到的各种安全风险，制定详细的应急预案，包括火灾、医疗紧急情况、自然灾害等各类突发事件的应对措施。

制定详细的紧急疏散计划，确保在紧急情况下能够迅速、有序地疏散参会者。

确保会场内外的通讯畅通，设立应急联络点，提供必要的通信设备。

### （五）培训与演练

对会场工作人员进行安全培训，确保他们掌握必要的安全知识和技能。大型会议要进行安全模拟演练，如会议前进行消防疏散演练，确保工作人员熟悉疏散路线和程序，提高应对突发事件的能力。

### 实例精粹

2024 年中国国际服务贸易交易会

实例精粹

2024 年中国国际服务贸易交易会

### 十一、效果评估以及后续跟进

在会议结束后，对会议效果进行评估，评估目标达成情况、参会者满意度、经济效益情况等。

向演讲嘉宾、赞助商、参会者等发送感谢信，表达对其支持的感激之情。感谢信应包含对其具体贡献的认可和感谢。对于重要嘉宾和合作方，可以提供个性化的感谢方式，如定制礼品、纪念品等。

编写会议总结报告，详细记录会议的筹备、实施和评估过程，复盘总结，提出改进建议。

## 第三节　会展其他相关活动设计

在会展项目中，除了核心的展览和会议活动，其他相关活动同样占据着举足轻重的地位。这些活动不仅为会展增添了丰富多彩的元素，还能吸引更多参与者，提升他们的参与体验。相关活动是会展项目不可或缺的一部分，它们共同构建了一个完整、多元的会展生态。以下是一些常见的会展其他相关活动设计：

### 一、开幕式和闭幕式

开幕式和闭幕式不仅是会展项目的开始和结束的标志，也是塑造品牌形象、提升会展项目影响力的关键环节。开幕式通常包含主办方致辞、嘉宾讲话、文艺表演等环节，旨在营造热烈的氛围，激发参与者的兴趣。闭幕式则总结活动成果，表达感谢之情，并可能包含颁奖、致谢等环节，为活动画上圆满的句号。

精心策划的开闭幕式能够吸引媒体关注，提升公众对会展的认知度和参与度。

### （一）流程环节设计

开幕式和闭幕式的流程可以根据不同的会展规模、主题和文化背景进行调整，但通常会包含以下几个主要环节，见表 6-4。

表6-4　开、闭幕式活动主要环节

| 环节 | 开幕式 | 闭幕式 | 环节说明 |
| --- | --- | --- | --- |
| 迎宾 | 迎接嘉宾和参与者 | — | 确保嘉宾和参与者顺利到达并感受到欢迎的氛围 |
| 签到 | 参与者签到，领取资料包 | — | 为参与者提供必要的信息和物资，如名牌、手册等 |
| 主持人开场 | 介绍活动背景、目的和日程 | 回顾会展的亮点和成果 | 为参与者提供会展活动概览，设置活动基调 |
| 主办方致辞 | 发表欢迎词，介绍会展内容 | 对所有参与者、嘉宾和工作人员表示感谢 | 表达主办方的热情和对本届或下届会展活动的期待 |
| 嘉宾讲话 | 发表讲话，表达对会展的支持 | 发表闭幕词，总结会展的意义 | 分享嘉宾的见解，提升会展的权威性和影响力 |
| 剪彩或启动仪式 | 进行剪彩或启动某个象征性仪式 | — | 标志会展正式开始，增加仪式感 |
| 文艺表演 | 安排文艺表演，如舞蹈、音乐 | 安排闭幕式文艺表演 | 为参与者提供文化享受，增加活动的吸引力 |
| 媒体采访 | 安排媒体采访环节 | 提供媒体采访机会 | 增加活动的媒体曝光度和公众关注度 |
| 自由交流 | 为参与者提供自由交流的时间 | — | 促进参与者之间的互动和商业机会的产生 |
| 颁奖环节 | — | 对表现突出的个人或团队进行表彰 | 认可和鼓励优秀表现，提升参与者的荣誉感 |
| 成果展示 | — | 展示会展期间达成的协议、合作成果 | 展示会展的成果和影响力 |
| 闭幕宣言 | — | 宣布会展正式结束，并期待下一次的相聚 | 正式结束活动，同时为未来的活动留下期待 |
| 后续活动预告 | — | 预告下一次会展或相关活动的信息 | 为参与者提供未来活动的信息，维持关注度和参与度 |

这些流程可以根据具体情况进行调整，以确保开幕式和闭幕式既符合会展的活动整体风格，又能有效传达会展活动的核心价值。

### （二）执行要点

执行开幕式和闭幕式活动时，需细致规划每个环节，包括嘉宾邀请、场地布置、礼仪接待、文艺表演等，确保流程紧密衔接。同时，要注重时间管理和应急预案的制定，以应对可能出现的突发情况，从而确保活动的顺利进行。以下是一般开幕式和闭幕式的执行要点，见表6-5。

表6-5 开、闭幕式活动执行要点

| 环节 | 开幕式 | 闭幕式 | 执行要点 |
|---|---|---|---|
| 场地布置 | √ | √ | 确保场地布置符合主题，包括舞台、灯光、音响等 |
| 技术检查 | √ | √ | 活动前进行音响、灯光和视频设备的测试 |
| 迎宾接待 | √ | — | 安排志愿者或工作人员在入口处迎接嘉宾和参与者 |
| 签到流程 | √ | — | 设立签到台，准备签到表或电子签到设备 |
| 主持人准备 | √ | √ | 确保主持人熟悉整个流程和应急方案 |
| 嘉宾引导 | √ | √ | 安排专人负责引导嘉宾至休息室和舞台 |
| 文艺表演安排与协调 | √ | √ | 与表演团队沟通，确保他们了解表演时间和流程 |
| 媒体安排与协调 | √ | √ | 提供媒体采访区域和时间安排，准备新闻稿 |
| 安全措施 | √ | √ | 确保活动现场有安全人员和紧急预案 |
| 后勤支持 | √ | — | 确保有足够的工作人员进行现场协调，准备餐饮服务 |
| 成果整理 | — | √ | 汇总会展期间的成果和数据，准备成果展示材料 |
| 颁奖准备 | — | √ | 确定获奖名单和颁奖流程，准备奖杯、证书和奖品 |
| 后续活动宣传 | — | √ | 准备下一次会展或相关活动的宣传材料 |
| 现场反馈收集 | — | √ | 设立反馈点，收集参与者对会展的意见和建议 |
| 活动总结 | — | √ | 进行活动总结会议，分析成功之处和改进之处 |

以上这些执行要点需要根据具体的会展规模和特点进行调整，以确保开幕式和闭幕式的成功举办。当然，在预算有限的情况下，很多会展活动会选择只设置开幕式来确保活动的正式启动，并吸引媒体和观众的关注。开幕式作为会展活动的重头戏，可以集中资源打造精彩亮点，为活动奠定成功的基调。即便没有闭幕式，一个精心策划的开幕式也足以为会展活动带来良好的开端和影响力。

## 实例精粹

实例精粹

第七届中国国际进口博览会的开幕式

### 第七届中国国际进口博览会的开幕式

## 二、主题晚宴

在会展期间举办主题晚宴，是一个极佳的社交方式，为参与者创造一个轻松愉快的交流平台。晚宴以某一特定主题贯穿始终，不仅能增添活动的趣味性和独特性，还能让与会者在享受美食的同时，拓展人脉、交流心得。这样的安排既加深了参与者之间的联系，又可能激发出新的商业机会和合作可能。因此，主题晚宴是会展中不可或缺的重要环节，对于提升整体活动体验和促进多方互动具有显著效果。其主要环节及执行要点，见表 6-6。

表6-6 主题晚宴活动环节及执行要点

| 环节 | 执行要点 |
| --- | --- |
| 邀请函设计 | 确保邀请函反映出晚宴的主题和风格；提供晚宴的日期、时间、地点和着装要求；设计邀请函时考虑环保和创意元素 |
| 场地选择与布置 | 选择一个能够容纳所有参与者的场地；根据晚宴主题进行场地布置，包括桌布、餐具、花卉装饰、灯光等 |
| 餐饮安排 | 与餐饮供应商沟通，确保菜单符合主题且满足不同饮食需求；安排试菜，确保食物质量和口味；提供多种饮料选择，包括非酒精饮料；安排服务员及时上菜，确保用餐流程顺畅 |
| 嘉宾接待 | 安排专人负责嘉宾的接待和签到；提供迎宾饮料和小吃 |
| 开场致辞 | 准备主办方或特邀嘉宾的开场致辞；确保致辞简洁有力，能够激发参与者的兴趣 |
| 娱乐节目 | 安排与主题相关的娱乐节目，如现场乐队、舞蹈表演等；确保节目时间安排合理，不影响用餐和交流 |
| 互动环节 | 设计互动游戏或抽奖活动，增加晚宴的趣味性；准备奖品和互动所需的道具 |
| 颁奖环节 | 提前准备获奖名单和颁奖流程；安排获奖者发表感言或简短演讲 |
| 拍照留念 | 安排专业摄影师记录晚宴精彩瞬间；设定拍照区域，提供拍照道具或背景板 |
| 安全与后勤 | 确保场地安全，包括消防安全和医疗急救措施；准备后勤支持，如交通安排、紧急联络等 |
| 媒体宣传 | 邀请媒体参与晚宴，进行现场报道；提供新闻稿和活动亮点，方便媒体报道 |
| 结束致辞 | 准备主办方或特邀嘉宾的结束致辞；表达感谢，总结晚宴，并邀请参与者参加后续活动 |
| 后续跟进 | 晚宴结束后，通过邮件或社交媒体向参与者发送感谢信；收集反馈，用于改进未来的活动 |

通过精心策划和细致执行，主题晚宴可以成为会展期间的一个亮点，为参与者留下深刻印象，并促进商业和社交网络的建立。

## 三、专业参观活动

在会展期间，组织专业参观活动是一种富有创意的专业方式，能够显著增加会展的吸引力。特别是在区域展会中，可以结合当地的产业特色和产业园区，设计更具针对性和深度的专业参观活动。通过组织与展会主题相关的参观活动，让参与者亲身感受该地区的产业氛围和发展实力。同时，可以结合当地的产业特色，安排体验活动，为参与者提供一次全方位的感官体验。这样的结合不仅丰富了展会的内涵，还能让参与者领略到地域产业的独特价值，进一步彰显区域展会的吸引力。其主要环节及执行要点，见表6-7。

表6-7　专业参观活动环节及执行要点

| 环节 | 执行要点 |
| --- | --- |
| 活动规划 | 根据展会主题和当地产业特色，确定专业参观的主题和内容 |
| 行程安排 | 精选具有代表性的参观点，如企业、工厂、研发中心等，设计合理的参观路线，确保参观点的连贯性和合理性 |
| 交通安排 | 安排合理的交通方式，确保参与者能够准时、安全地到达各个参观点 |
| 讲解服务 | 邀请专业讲解人员，详细介绍各参观点的特色和优势 |
| 安全保障 | 制定详细的安全预案，确保参观活动的安全进行 |
| 餐饮服务 | 安排合适的餐饮服务，确保参与者在参观过程中能够得到充分的休息和用餐 |
| 互动体验 | 设计与产业相关的互动环节，如产品体验、技术演示等 |
| 纪念品准备 | 准备与参观主题相关的纪念品，如企业产品样品、特色工艺品等 |
| 宣传推广 | 利用会展活动宣传渠道对专业参观进行跟踪报道 |

## 四、展会现场相关活动

在展会现场，除了展览活动，还可以策划一系列现场互动体验等相关活动。这些活动旨在通过亲身参与和互动，让每位参观者都能更深入地了解展品与服务，同时增加展会的趣味性和吸引力。

## （一）互动体验活动

### 1．互动体验活动策划

互动体验活动是让参与者能够直接与产品或服务进行互动的重要环节，互动体验活动策划的内容及要点说明，见表6-8。

表6-8 互动体验活动策划内容及要点说明

| 策划内容 | 要点说明 |
| --- | --- |
| 确定目标 | 明确互动体验区的目的和预期效果、确定目标受众 |
| 设计互动环节 | 根据目标，创意互动环节和设计体验流程，确保互动环节与产品或服务相关 |
| 选择技术 | 明确技术或工具支持，考虑成本和可行性，确保技术稳定性 |
| 确定布局 | 设计互动体验区的布局，确保空间布局合理；考虑人流管理和安全秩序，设计动线 |
| 预算规划 | 制定预算，包括设备、人力、材料等，预留应急预算 |
| 采购设备 | 根据活动内容列明购买或租赁所需设备 |
| 制作内容 | 明确互动内容，如视频、游戏、演示等，确保内容质量，符合品牌形象 |
| 人员培训 | 制定工作人员培训方案，包括沟通技巧、处理问题等，确保其了解互动流程 |
| 现场布置 | 制定现场布置方案，明确责任人，根据设计图布置现场，检查安全措施 |
| 现场管理 | 制定现场管理工作方案，明确分工。管理现场秩序，监控人流，确保互动体验顺利进行；提供清晰的指示，设置参与机制，引导参与者参与互动体验 |
| 效果评估 | 制定评估方案，收集参与者反馈和互动数据，根据评估结果进行后续改进 |

### 2．互动体验中的新技术

展会中的互动体验区可以通过多种新技术来增强参与者的体验。如增强现实（AR）技术、虚拟现实（VR）技术、3D打印技术、互动触摸屏、AI互动体验、裸眼3D技术、光影互动技术、云上会展、AR直播等，这些技术的应用不仅提升了展会的互动性和趣味性，还为参与者提供了更加深入的了解机会。随着技术的不断发展，未来展会的互动体验将更加多样化和更具创新性。

## （二）竞赛

竞赛活动是会展活动中备受欢迎的环节，这类活动不仅为参与者带来趣味性，更重要的是，参与者可以在友好的竞技氛围中展示自己的技能，极大地增加了参与者之间的互动性及其对展会的兴趣。在展览项目中，策划配套的竞赛通常需要细致的规划和考虑多方面的因素。竞赛活动策划的内容及要点说明，见表 6-9。

表6-9　竞赛活动策划内容及要点说明

| 策划内容 | 要点说明 |
| --- | --- |
| 目标设定 | 明确竞赛旨在提升参与度、品牌影响力或其他目标 |
| 主题定义 | 竞赛主题应与展览主题紧密相关，吸引目标受众，以增强展览的整体吸引力 |
| 规则制定 | 设计公平、透明的竞赛规则和评分标准，竞赛规则应简洁明了，易于理解和遵守 |
| 形式选择 | 确定是现场竞赛、在线提交还是互动游戏等形式 |
| 资格确定 | 明确参赛资格，如行业专家、公众等 |
| 时间安排 | 安排竞赛时间，与展览日程相协调 |
| 奖品设置 | 确定奖品种类、价值和奖励方式 |
| 预算编制 | 制定包括奖品、宣传、场地等在内的预算 |
| 宣传计划 | 制定宣传推广计划，通过多渠道宣传竞赛信息，提高知名度 |
| 技术准备 | 明确技术支持，根据需要准备在线投票系统或互动设备 |
| 法律审核 | 确保竞赛符合法律法规，遵守版权、隐私和反垄断法规，避免法律风险 |
| 风险评估 | 制定风险预案，应对技术故障、参与度不足等风险 |
| 人员组织 | 明确人员安排，包括评委、工作人员和志愿者，确保有足够的人手管理竞赛的各个方面 |
| 场地准备 | 根据竞赛需要规划并布置场地，考虑体验性和安全性 |
| 执行管理 | 制定竞赛执行计划，进行现场管理和时间控制 |
| 结果评审 | 制定评审程序，确保评审公正性，避免争议，及时公布竞赛结果 |
| 奖励颁发 | 设计颁奖典礼，向获奖者颁发奖品 |
| 反馈收集 | 设计评估方案，收集反馈，进行总结，根据反馈改进 |

### （三）抽奖活动

抽奖活动是会展活动中的一大亮点，它通过为参与者提供赢取精美奖品的机会，极大地激发了其兴趣和参与度。抽奖活动主要环节及执行要点，见表 6-10。

表6-10 抽奖活动环节及执行要点

| 环节 | 执行要点 |
| --- | --- |
| 目标设定 | 明确抽奖活动的目标，如增加参与度或提升品牌知名度 |
| 规则制定 | 确保规则简单明了，公平合理，并符合法律法规 |
| 奖品选择 | 奖品应具有吸引力，与目标受众相关 |
| 宣传计划 | 通过社交媒体、现场广告等多种渠道宣传 |
| 技术支持 | 明确技术支持，如需在线抽奖，开发或租用抽奖软件 |
| 法律合规 | 确保抽奖活动不违反相关法律法规 |
| 风险管理 | 预防和准备应对可能的风险，如技术问题 |
| 预算编制 | 包括奖品成本、宣传费用、技术支持等 |
| 人员组织 | 指定专人负责抽奖活动的组织和执行 |
| 场地布置 | 确保抽奖区域布置吸引人，流程顺畅 |
| 活动执行 | 确保抽奖活动按计划进行，随时处理现场问题 |
| 结果公布 | 确保抽奖过程透明，及时公布中奖者 |
| 奖品发放 | 组织奖品的领取或邮寄过程 |

### （四）网络直播

网络直播技术的运用，为会展活动带来了革命性的变革。通过网络直播，将会展的现场实时传递给无法到场的观众，使其同步感受会展活动的氛围和精彩内容。这种创新的参与方式不仅打破了地域限制，还极大地扩大了会展的受众范围，提高了活动的传播效果和影响力。为了高效地策划和执行展览项目中的配套网络直播活动，策划要注意以下内容。

#### 1．目标与内容规划

在策划阶段，首先明确直播活动的目标，比如增加在线观众参与度或扩大品牌影响力。接着，制定直播内容的大纲，包括确定直播的主题、流程安排、演讲嘉宾和互动环节。

#### 2．技术与设备配置

选择合适的直播平台并准备所需的技术设备，如高质量的摄像机、稳定的网络连接和专业的音频设备。确保所有设备在直播前经过充分测试，以避免技术问题影响直播效果。

### 3. 人员安排与宣传推广

在选定直播主持人时，应考虑其在相关行业的知名度和影响力，以及其与目标观众的互动能力和沟通风格。例如，选择一位在汽车行业内具有较高知名度的博主或专家，他们通常能够更好地吸引观众，并以专业的角度介绍产品和行业动态。此外，主持人应具备现场应变能力，能够处理直播过程中可能出现的任何问题。人员上，还需要配备技术团队和嘉宾。同时，制定宣传计划，通过社交媒体、邮件营销等渠道提前宣传活动，吸引观众参与直播。

### 4. 直播执行与互动管理

在直播过程中，主持人应引导整个直播流程，同时鼓励观众通过聊天室或弹幕进行互动。技术团队需要监控直播状态，确保直播顺畅进行，并及时响应任何技术问题。

### 5. 反馈收集与后续跟进

直播结束后，收集观众的反馈，评估直播效果，并根据反馈进行总结和改进。此外，利用直播录像进行后续宣传，扩大活动影响力，为未来的直播活动积累经验。

通过以上关键步骤，可以确保网络直播活动的顺利进行，并达到提升展览项目影响力和参与度的目的。

## （五）媒体日

“媒体日”是会展活动中的特色环节，专为媒体人士而设立。在此特定日期内，会展组织方会诚邀各大主流媒体、行业专刊以及网络媒体等代表莅临现场，为其提供充裕的采访与报道时机。此举旨在借助媒体的广泛传播力，深入展示会展活动的丰富内涵、创新成果及行业动向，以扩大会展活动的社会影响与知名度。通过“媒体日”的设立，不仅可提升会展品牌的声誉，还能吸引更多行业内外的关注与参与。媒体日活动策划的内容及要点说明，见表 6-11。

表6-11　媒体日策划内容及要点说明

| 策划内容 | 要点说明 |
| --- | --- |
| 目标设定 | 确定媒体日目标，如提升品牌知名度、增强行业影响力 |
| 日程规划 | 设计媒体日活动流程，如新闻发布会、专访、现场参观等 |
| 媒体邀请 | 确定目标媒体，包括行业、大众和网络媒体，设计邀请函 |
| 内容准备 | 设计新闻资料撰写工作方案，提供新闻稿、背景资料、关键信息点等 |

续表

| 策划内容 | 要点说明 |
| --- | --- |
| 场地布置 | 规划采访和报道场地的布置方案，如新闻发布会场地、不同媒体的直播间、展览现场 |
| 人员安排 | 安排接待和协调人员，媒体接待、资料分发、现场协调等分工 |
| 技术支持 | 明确技术设备，如音响、投影、翻译设备 |
| 风险管理 | 制作风险预案，应对突发事件和敏感问题 |
| 宣传推广 | 制定宣传预热计划，通过媒体渠道提前宣传 |
| 媒体签到 | 策划签到流程和签到处布置方案，方便媒体登记和领取资料 |
| 媒体报道 | 设计跟踪报道方案，跟踪报道情况，确保信息准确传达 |
| 效果评估 | 设计评估效果方案，评估效果，根据反馈进行总结 |

## 五、颁奖典礼

颁奖典礼是会展活动的高潮，精心策划的颁奖流程、庄重的仪式感和对获奖者的尊重，共同营造出荣誉与成就的氛围。通过颁奖典礼，表彰杰出人士，分享成功经验，同时激励更多人追求卓越。颁奖典礼的设置，要注意按照获奖流程以及获奖选手的获奖奖项，提前制作好颁奖材料，并开展彩排工作，安排及通知好颁奖典礼现场的参与人员。颁奖典礼常规的流程设计见表 6-12。

表6-12　颁奖典礼常规流程设计

| 流程环节 | 详细内容 |
| --- | --- |
| 准备阶段 | 确定获奖名单并通知获奖者；准备奖品和证书；布置颁奖场地，确保设备正常 |
| 开场 | 主持人开场，介绍颁奖嘉宾 |
| 嘉宾致辞 | 颁奖嘉宾致辞 |
| 颁奖过程 | 按奖项重要性顺序颁奖；颁奖嘉宾宣读获奖者名单；颁发奖品和证书 |
| 优秀获奖者发表感言 | 邀请优秀获奖者上台发表感言，分享经验与心得 |
| 摄影留念 | 组织获奖者和嘉宾合影，记录颁奖时刻 |
| 结束语 | 感谢参与者、工作人员和赞助商，并展望未来 |
| 媒体宣传 | 发布新闻，在社交媒体分享照片和视频 |

综上所述，会展中的其他相关活动是提升会展吸引力和参与度的关键因素。通过精心设计的开幕式、主题晚宴、专业参观、现场互动体验等活动，不仅能够丰富会展内容，还能增强参与者的体验感和互动性。这些活动的成功实施，需要细致的策划、周密的组织和高效的执行。最终，这些活动将共同构建一个多元、互动、高效的会展平台。在策划和执行过程中需要始终注重参与者的需求和体验，确保每一项活动都能达到预期效果，为会展活动的成功举办奠定坚实基础。

## 融思贯通

本章全面介绍了会展项目中除核心展览和会议活动外的相关活动，阐述了主题会议以及其他相关活动的流程设计。

其一，本章介绍了多个会展相关活动的基本概念、举办原因及影响因素，这些活动不仅丰富了会展的内涵，也提升了参与者的体验，进一步促进了行业内的交流与合作。

其二，本章详细探讨了会展主题会议的策划与流程安排，包括会议主题设定、参会人群确定、设计会议议程与形式等。会展主题会议涉及多个环节和管理，从主题设定到宣传推广，从场地布置到服务接待，每一个环节都需要精心设计和周密安排。

其三，本章深入阐述了会展其他相关活动的设计，如开幕式、闭幕式、主题晚宴、专业参观、展会现场活动、颁奖典礼等，这些活动极大地丰富了会展活动内容，共同构建了一个完整且多元化的会展生态，增强了会展活动整体吸引力。

1. 为什么要开展会展相关活动？请结合具体实例说明它们发挥的作用。

2. 在会展主题会议的策划过程中，哪些是关键环节？请详细描述这些环节，并解释它们为何重要。

3. 在会展活动中，除了展览和会议外，还可以策划哪些其他相关活动？请给出至少三个例子，并说明每个活动的特点和关键环节。

4. 在整个会展相关活动的组织与流程设计中，你认为哪些影响因素是至关重要的？

## 展技实操

➤ **实训目标**

通过本次实训，使学生掌握会展主题会议的策划与执行要点，学会根据会议特点，设计会展相关活动，培养学生市场分析、创新思维和项目管理的能力。

➤ **实训内容与步骤**

一、会展项目的主题会议策划

1. 实训任务：策划会展主题会议。

2. 实训步骤：

市场调研与主题确定：调研行业趋势和市场需求，确定会议主题和目标受众。

明确会议目标：设定会议的具体目标和预期成果。

会议形式与议程规划：选择会议形式（如研讨会、讲座等），制定详细的议程安排。

场地选择与布置：筛选合适的会议场地，进行场地布置，反映会议主题。

制定宣传推广：制定宣传计划，通过多种渠道进行推广。

设计接待安排：制定交通、住宿、餐饮、签到等环节接待方案，制定嘉宾个性化接待方案。

制定风险预案：针对会议现场、医疗、交通等各类情况制定风险预案。

评估会议效果：设计会展效果评估内容和流程。

二、会展其他相关活动策划

1. 实训任务：围绕上述主题会议，完整地设计 2 ~ 3 种相关活动。

2. 实训步骤：

活动类型确定：确定要策划的相关活动类型，如开幕式、主题晚宴、竞赛等。

活动目标与主题设定：明确活动目标，设定与会议主题相符的活动主题。

活动流程设计：规划活动的具体流程和确定时间安排。

场地与布置：根据活动需要选择合适的场地并进行布置。

人员组织与分工：安排活动所需的工作人员和志愿者。

宣传与邀请：制定宣传计划，选定目标参与者。

风险评估与安全管理：评估活动风险，制定安全管理措施。

其他环节：根据具体相关活动的特点，需要设计其他环节内容。

➢ **实训要求**

学生需熟悉会展相关活动特点并对策划的全过程有深入理解。

团队成员应明确分工，确保策划方案的创新性和可行性。

实训结束后，提交一份详细的主题会议和相关活动策划方案，并开展策划方案汇报。

➢ **实训评价**

教师根据学生在实训过程中的表现、策划案质量、汇报质量进行综合评价。

方案规范性：结构清晰，逻辑性强，格式规范，符合文档撰写标准。

方案可行性：步骤明确，易于操作，资源和时间安排合理。

方案创意性：主要活动主题与会议主题高度相关，创新点突出，设计独特，有吸引力。

方案完整性：方案设计要点明确，包括目标设定、主题明确、预算编制、活动内容、风险评估、宣传策略、场地布置、人员分工等。

团队协作：依据小组成员之间的个人贡献度、沟通协调能力和合作精神进行评估。

实训成绩将计入课程总评，反映学生会展相关活动的策划能力。

## 本章习题

### 一、判断题

1. 会展相关活动仅限于围绕展览或会议提供的娱乐和休闲活动。（　　）

2. 在会展相关活动中，预算规划不需要考虑应急资金。（　　）

3. 在会展主题会议策划中，市场调研不是必需的步骤，因为策划者通常已经具备足够的行业知识来确定会议主题。（　　）

4. 会议议程的设计不需要考虑参会者的休息时间，应尽可能紧凑地安排所有环节以充分利用时间。（　　）

5. 会议宣传推广只需要在会议前进行，以确保吸引足够的参会者，会议中和会议后无需再进行宣传。（　　）

## 二、单选题

1. 以下哪项不是会展相关活动举办的原因？（　　）

A. 丰富内容和增强体验感　　B. 降低参与门槛和成本

C. 促进信息传播与知识共享　　D. 加强交流与合作

2. 在选择会展相关活动的场地时，以下哪个因素不是主要考虑的？（　　）

A. 场地规模　　B. 设施完善度

C. 场地价格是否最低　　D. 交通便利性

3. 在确定会议类型时，如果会议旨在分享新技术和最新研究成果，并吸引技术专业人士参与，那么最可能的会议类型是：（　　）

A. 行业会议　　B. 技术交流会

C. 专业研讨会　　D. 产品发布会

4. 在会展活动中，为了借助媒体的广泛传播力来提升会展活动的社会影响与知名度，专门设立的特色环节是：（　　）

A. 开幕式　　B. 闭幕式　　C. 主题晚宴　　D. 媒体日

5. 在会展策划中，为了增强观众的参与感和互动性，以下哪项策略通常被认为是最有效的？（　　）

A. 提供详尽的会展指南和地图，确保观众不迷路

B. 邀请知名嘉宾进行主题演讲，提升活动的专业性

C. 设置互动体验区，让观众能够亲身参与和体验

D. 加强会展的宣传工作，吸引更多观众前来参加

## 三、多选题

1. 影响会展相关活动成功的关键因素包括：（　　）

A. 明确的目标　　B. 精心的策划

C. 充足的预算　　D. 个性化的体验

E. 低廉的参与费用　　F. 优质场地的选择

2. 设定会议目标时，以下哪些目标可能是会议策划者会考虑的？（　　）

A. 促进行业交流　　B. 推动企业发展

C. 拓展商业合作　　D. 举办娱乐活动

3. 会议场地选择与布置规划时，需要考虑的因素包括：（　　）

A. 地理位置和交通便利性

B. 场地设施和技术支持

C. 主题概念设计和空间布局优化

D. 会议预算和个人喜好

4. 开幕式和闭幕式作为会展项目的开始和结束标志，其设计通常包含哪些主要环节？（　　）

A. 迎宾与签到　　B. 主办方致辞与嘉宾讲话

C. 剪彩或启动仪式　　D. 成果展示与闭幕宣言

5. 在策划会展中的互动体验区时，需要考虑哪些关键执行要点？（　　）

A. 确定互动体验区的目标和预期效果

B. 选择适合的技术或工具来支持互动体验

C. 对工作人员进行培训，确保他们了解互动流程

D. 评估互动体验的效果，并根据评估结果进行后续改进

习题答案

第七章

# 会展现场服务与风险预案

## 思维导图

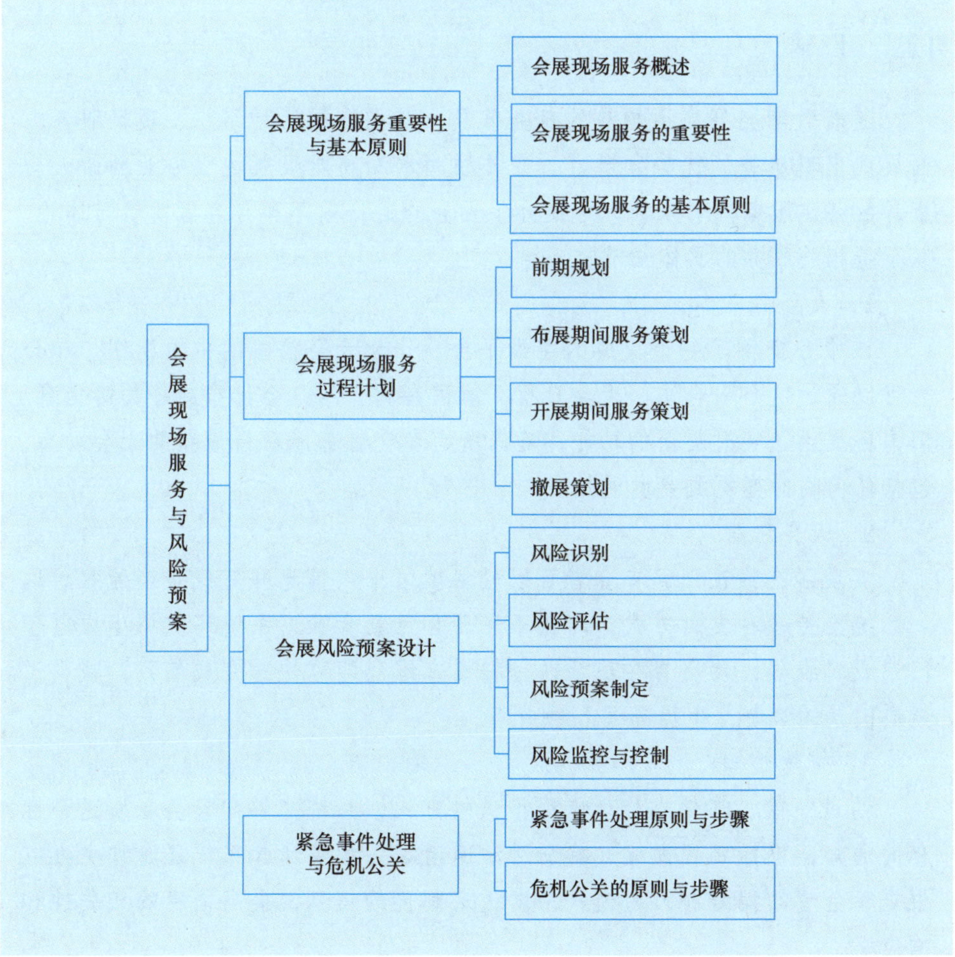

## 学习目标

- 理解会展现场服务的重要性，能够遵循基本原则制定会展现场服务方案
- 掌握会展现场服务内容，能够策划并实施会展现场服务方案
- 掌握会展风险管理，能够识别会展活动中的潜在风险，制定风险预案
- 掌握紧急事件处理的基本原则，熟悉紧急事件处理步骤，能够依据风险预案，进行紧急事件处理
- 掌握危机公关的基本原则，熟悉危机公关处理步骤，树立公关意识

## 开篇导引

随着数字会展应用趋势的日益普及，其在会展活动组织、现场服务方面展现出现显著的优势和潜力。在首届滴水湖高能级航运服务业创新大会上，数字化服务的引入极大地提升了大会的运作效率和与会者的参与体验。以下是相关服务的具体细节。

1．大会门户

该服务提供了一个集成的在线平台，作为大会信息的中心枢纽。参会者可以通过这个平台访问大会日程、演讲嘉宾介绍、会场布局等关键信息。门户还提供了实时更新的功能，确保所有参会者都能获得最新的大会动态，包括任何临时变更或突发通知。

2．大会注册

实现了在线注册，参会者可以轻松填写个人信息并完成报名流程。这一系统支持多种支付方式，简化了注册和付款步骤。系统还支持生成电子门票或二维码，参会者在现场通过扫描二维码即可快速完成签到，减少了纸质门票的浪费，也提高了入场效率。

3．智慧通知

通过短信、邮件或移动应用推送的方式，系统能够向参会者发送个性化的通知，包括日程提醒、特别活动邀请等。智慧通知系统还允许主办方根据参会者的偏好和行为模式，发送定制化的信息，提高信息的相关性和响应率。

4. 智慧现场

电子签到系统通过高速扫描二维码或人脸识别技术，快速验证参会者身份，减少排队时间，提升了参会体验。现场制证服务确保每位参会者都能快速获得相应的证件，这一服务提高了会议组织的效率，同时也增强了安全性。智慧现场还包括了现场互动工具，如实时问答、投票和反馈收集，使会议互动性和参与性更强。

通过数字化手段，大会实现了信息的快速传递、流程的高效管理以及服务的个性化提供，展现了数字技术在会展服务中的重要价值。同时，也为我们带来一些思考，数字化服务如何提升了现场服务的质量？同时，大会是如何通过风险预案来应对技术故障、安全威胁等潜在风险，确保会议顺利进行？

## 第一节 会展现场服务重要性与基本原则

### 一、会展现场服务概述

会展现场服务是指在会展活动期间，为确保会展现场活动的顺利进行和达成预期目标，所提供的各项服务工作的总称。这些服务工作包括但不限于接待、咨询、协调、管理等，服务对象包括参展商、观众、参会者以及其他相关人员（如新闻媒体记者、行业主管部门代表等）。

服务的方式可分为按照既定允诺向客户提供的承诺服务、按照规范向客户提供的标准化服务、按照具体需求向客户提供的个性化服务，按照项目需要为客户体提供的专业服务。

会展现场服务是会展活动中不可或缺的一环，会展活动的成功不仅依赖于精心的策划和组织，更与现场服务的高效性、有序性密切相关。一个良好的现场服务能够确保会展活动流程的顺畅，其质量直接影响到会展活动的整体效果。

## 二、会展现场服务的重要性

### （一）保障会展活动顺利进行

会展现场服务涵盖了场地布置、客户接待、物流引导、活动组织、餐饮供应、安全管控、信息沟通等多个方面。通过高效的现场管理，可以确保每个环节运作顺畅，从而保障会展活动的顺利进行。值得一提的是，近年来新技术的出现不仅提升了管理的效能，而且提升了服务品质，这些技术在会展现场服务中得到了越来越多的应用（见表 7-1）。

表7-1　会展现场服务中的新技术应用

| 服务范围 | 描述 | 新技术应用 |
| --- | --- | --- |
| 场地布置 | 确保展位搭建符合规定，按时完成，并满足参展商需求 | 数字化管理工具：使用 BIM（建筑信息模型）和 VR 技术进行展位设计预览，确保设计合理且满足参展商要求。实时监控系统追踪搭建进度，预防延误 |
| 客户接待 | 有效控制观众流量，提供便捷的入场与导航服务，提升观众体验 | 智能票务系统：实现电子票务，通过人脸识别技术快速入场，减少排队时间 |
| 安保管控 | 保障展会现场安全，预防和处理各类安全事件 | 智能监控系统：全覆盖高清视频监控，结合 AI 图像识别技术，实时监测异常行为 |
| 信息沟通 | 提供周到、专业的咨询服务，解答观众关于展会的各种问题，帮助其更好地了解展会内容 | 智能客服系统：通过聊天机器人、在线客服等方式，提供 24 小时咨询服务 |
| 物流引导 | 确保展品运输、仓储和现场搬运的顺畅进行 | 物流追踪系统：利用 GPS、RFID 等技术实时追踪物流状态，预防延误和丢失 |

### （二）影响顾客满意度

会展现场服务的质量直接影响到参展商、观众的参展体验或其他服务对象的体验。严格规范现场管理，通过提供周到的服务、维护良好的现场秩序和确保安全等措施，给参与者带来更多心理、感官及其他方面的满足，提升参与者的满意度，增强他们对会展活动的信任度和忠诚度。例如，展览会通过一系列精细化服务措施提升专业观众的现场体验。现场设立信息咨询台，提供详细的展会指南和日程安排，解答参观者的问题；安排专业的导览服务帮助参观者快速找到感兴趣的展台和活动，减少寻找过程中的不便；设置舒适的休息区提供免费 Wi-Fi、饮水机等便利设施，让观众在休息时也能保持舒适感。现场设置清晰的指示标志，避免拥堵和混乱，确保观众能够顺畅地移动。

### （三）塑造会展品牌形象

会展现场服务也是会展品牌培育和发展的重要环节。一个管理有序、服务周到的会展现场服务可以给参展商、观众及其他相关人员留下深刻的印象，提升会展的品牌形象和知名度。会展现场服务是全方位的，要围绕不同的目标受众提供全流程现场服务。表 7-2 是以专业观众为例，对其服务维度进行分析，值得注意的是，不同的目标受众其服务的内容是有差异的。全方位、高质量的现场服务将成为会展活动的核心竞争力，吸引更多优质资源和参与者，推动会展品牌的持续成长和壮大。

表7-2　专业观众现场服务维度分析

| 服务维度 | 描述 | 举例 |
| --- | --- | --- |
| 入场流程 | 便捷高效的购票、登记与安检流程，提升观众入场体验 | 展会采用先进的电子票务与人脸识别技术，观众通过手机 App 购票后，现场直接刷脸入场，无需纸质票证，大大缩短了排队时间，提升了入场效率与安全性 |
| 现场指引 | 清晰、直观的指示标识与智能导航服务，助力观众轻松找到目标 | 展会现场布置高清晰度的 LED 指示牌，配合手机 App 内置的 AR 导航功能，观众只需输入目标展位或活动名称，即可获得直观的路线指引，快速抵达 |
| 服务质量 | 专业、热情的服务团队，为观众提供全方位的支持与帮助 | 展会拥有经验丰富的客服团队，经过严格的专业培训，能够迅速响应观众需求，提供包括咨询解答、突发援助在内的多项服务 |
| 休息与餐饮 | 舒适的休息环境与丰富的餐饮选择，满足观众的基本生活需求 | 展会现场设置多个休息区，配备舒适的座椅和免费 Wi-Fi，观众可以在此放松身心；同时，引入多家知名餐饮品牌，提供多样化的美食选择，满足不同口味需求 |
| 卫生条件 | 严格的清洁与消毒措施，确保展会现场的卫生与安全 | 展会聘请专业的清洁公司，采用环保高效的清洁材料与设备，对展会现场进行定时清扫与消毒，特别是高频接触区域，如门把手、电梯按钮等，确保观众的健康安全 |
| 信息获取 | 多渠道、实时更新的信息发布系统，确保观众获取准确信息 | 展会建立完善的信息发布平台，包括官方网站、微信公众号、展会 App 等，实时发布展会动态、参展商信息、活动日程等内容，观众可随时随地查询所需信息，方便快捷 |

## 三、会展现场服务的基本原则

现场服务的基本原则是指在提供服务过程中应遵循的行为准则，旨在确保服务的质量、效率和客户满意度。以下是现场服务的基本原则。

### （一）以明确目标为导向的基本原则

1．客户分类

对服务对象进行分类是确保服务精准性和有效性的前提。通过对不同类型的参与者（如参展商、专业观众、普通观众、媒体记者等）进行细致的分类，可以更准确地识别和理解每个群体的具体需求和期望，从而为他们提供更加个性化和专业化的服务。

2．明确目标与定位

在对服务对象进行分类的基础上，需要为每个群体设定明确的服务目标和定位，这是确保服务方向正确和资源高效利用的关键。这包括确定服务的重点领域、服务的标准和质量要求，以及预期达到的效果。通过明确的目标与定位，可以确保服务措施的实施更加有针对性，资源的配置更加合理，从而最大化地提升参与者的满意度和会展活动的整体效果。

### （二）以深入需求为基础的基本原则

1．积极响应客户需求

积极响应客户需求是会展服务中不可或缺的一环。会展组织者应建立高效的需求响应机制，确保在第一时间捕捉到参展商、专业观众、普通观众等服务对象的需求，并迅速调动资源、整合资源，提供解决方案。这种灵活、迅速的响应能力，将大大提升客户满意度与忠诚度。

2．个性化服务的深度优化

满足客户的个性化需求已成为提升竞争力、增强盈利能力的关键策略。通过持续的市场调查与数据分析，会展组织者需精准把握客户的多样化、差异化需求。基于这些需求，会展组织者可提供高度个性化的服务，如根据客户的特定需求，提供定制化的服务方案。在基本服务的基础上，提供一系列诸如高端接待、专属休息区、定制活动等增值服务，以进一步提升客户的体验感和满意度。

### （三）以专业技能为支撑的基本原则

1．明确分工与责任

会展组织者应根据服务内容和岗位需求，安排具有相应职业素质和能力的人员，并明确职责和任务。建立清晰的分工体系和责任制度，避免职责不清、任务重叠等问题，确保服务的专业性。

2．专业培训

会展现场服务人员应提前熟悉工作环境和场景，接受系统化的专业培训，确保熟知区域布局、活动环节等信息。根据岗位不同，培训内容应涵盖礼仪规范、沟通技巧、应急处理、设备使用等方面。经过培训的人员，以专业的手段和方式，为客户提供服务。

展览会分工示例见表 7-3。

表7-3　展览会分工示例

| 系统 | 分工组别 | 职责 |
|---|---|---|
| 现场指挥中心 | 1. 主承办方最高管理者<br>2. 组委会秘书处<br>3. 会展场馆负责人 | 1. 协调各系统的相关任务，特别是任务的指派<br>2. 控制会展活动现场的进度<br>3. 调配现场相关管理人员与服务人员<br>4. 对现场各类紧急事件作出处理决定<br>5. 重要工作通知下达<br>6. 接受意见并作出反馈<br>7. 组织重要领导进行参观<br>8. 检查各系统实际工作情况 |
| 接待系统 | 1. 信息注册组<br>2. 现场引导组 | 1. 识别来者身份，如参展商、专业观众、媒体记者等<br>2. 协助填写参观注册信息，办理会刊资料领取手续<br>3. 设置重要领导参观路线<br>4. 接待现场咨询人员<br>5. 协助随身物品托管或寄存<br>6. 疏导到会车辆 |
| 宣传系统 | 媒体宣传组 | 1. 安排展会期间记者邀请、接待、重要采访活动<br>2. 组织召开及负责管理新闻发布<br>3. 负责编辑出版通讯文件<br>4. 负责现场采访 |
| 展务系统 | 1. 展区管理组<br>2. 参展商服务组<br>3. 会务事宜组 | 1. 展区门禁管理和证件扫描以及补办协助工作<br>2. 展区广告内容核实<br>3. 展区施工安全防范，协调设施设备<br>4. 协调场馆方、施工方业务关系<br>5. 展区测量和展品检查以及知识产权保护协助<br>6. 协调展位更换调整以及拆卸搭建工作<br>7. 展位门楣检查核实以及噪声管理<br>8. 组织开幕式、展中会议及其他相关活动<br>9. 会议现场的场地布置及相关物料准备 |
| 商务系统 | 1. 物料租赁组<br>2. 商务服务组 | 1. 展具租赁以及验收，现场临时采购物资<br>2. 验证手续、办理交费、出具发票<br>3. 审核现场各项支出并提供打印传真 |

续表

| 系统 | 分工组别 | 职责 |
|---|---|---|
| 后勤系统 | 1. 餐饮组<br>2. 现场保洁组<br>3. 物流组<br>4. 物料管理组 | 1. 现场相关餐饮服务商管理与调度<br>2. 现场饮用水的管理与调度<br>3. 现场的清洁及维护工作<br>4. 现场相关运输管理和交通调度<br>5. 现场可移动广告载体、相关设备、非展区装饰材料以及绿植的管理与回收<br>6. 现场各种开幕、闭幕物品的管理与回收<br>7. 现场各种工作证件与服装等相关物品领用 |
| 工程系统 | 施工组 | 1. 标准展位以及特装展位的运输、安装、拆卸管理<br>2. 现场水电等申请、输送、安装工作<br>3. 大型展品物流与安装，展位移动、撤除、维修工作 |
| 应急系统 | 1. 安保组<br>2. 法务组<br>3. 医疗组 | 1. 维护展示区域治安，防止各类事件发生<br>2. 现场各类人员的管理与疏导<br>3. 排查消防设施、展区监控设备<br>4. 协助核对进入展区人员身份<br>5. 失物报检及领取工作<br>6. 安排夜间巡逻，预防公共危害<br>7. 现场纠纷处理<br>8. 知识产权侵权调查取证及立案<br>9. 现场医疗救助及处理 |

### （四）以紧密协作为纽带的基本原则

#### 1. 各分工小组紧密协作

建立系统的沟通协作机制，旨在确保各分工小组或岗位之间的信息畅通和协调一致，及时解决现场出现的问题。通过高效的团队合作，确保前后环节无缝衔接，信息传递迅速准确，问题处理及时有效。体现会展现场服务的专业性和可靠性。

#### 2. 与客户保持协同关系

会展服务团队应具备高度的专业素养和团队协作精神，紧密配合客户，解决问题，尊重客户诉求，确保服务内容与客户需求一致。

### （五）以持续创新为动力的基本原则

#### 1. 服务创新

服务创新是提升服务质量和客户体验的关键。通过不断引入新技术、新方法和新理念，优化服务流程和管理模式，提升服务的智能化和个性化水平。

创新不仅限于技术层面，还包括服务模式和客户互动方式的创新，以更好地满足客户的多样化需求，提升客户的满意度和忠诚度。

2．持续改进

服务改进是确保服务质量和客户体验不断提升的保障。通过建立完善的反馈机制，收集和分析客户的意见和建议，及时发现和解决服务中的问题和不足。持续改进服务内容和方式，不断优化服务标准和流程，确保服务始终保持高水平。通过持续的服务改进，为会展品牌的长期发展奠定坚实的基础。

## 第二节　会展现场服务过程计划

会展现场服务是一个系统性、全流程、多方面的工作，要综合考虑前期规划、布展期间服务策划、开展期间服务策划、撤展策划等多个方面。

### 一、前期规划

前期规划是会展现场服务的基石，直接影响到后续执行的效率与效果。明确会展服务的目标，聚焦资源，制定详细的时间表和流程图，内容需涵盖现场服务执行的每一个环节，包括涉及的人员分工、技术物料、支持系统、风险管理等。合理的前期规划确保各项活动按时、按质完成。

### 二、布展期间服务策划

#### （一）布展准备

1．明确布展时间

通常在展会开幕式前几天进行布展。大型展览的布展时间相对较长，如大型机械展、综合类展览，布展时间可能长达一周。而一些小型展览，如消费展，布展时间较短，通常在 2 ~ 3 天内完成。展览会的布展时间取决于展览题材及展品的复杂程度。

2．做好手续办理

布展前，需要完成工商登记、消防安全审批、公安备案和海关报批等相关手续，以确保所有准备工作合法合规。通过提前与相关部门沟通和协调，及时办理相关手续，并确保手续齐全，为布展工作的顺利开展提供坚实的保障。

### （二）布展管理

布展管理工作包括展位搭建管理、展品运输管理、参展商布展管理、现场保洁与安保等。布展任务繁重，要做好配合和协调事宜，监控好整体工作的进程。

#### 1. 展位画线

在展览场地进行精确测量，确保每个展位的位置和尺寸符合展会布局图的要求。画好每个展位的地域范围，方便参展商在自己租用的场地搭建展位和陈列展品。完成画线后，进行仔细检查，确保所有标记准确无误，避免因标记错误导致的搭建问题。

#### 2. 地毯铺设

在展馆特定区域铺设地毯，这些区域包括公共区域、展位内部等。根据展会的设计方案选择合适的地毯材料和颜色，确保与整体风格协调一致。地毯铺设要整齐紧密，边缘处理平整，避免出现鼓包或缝隙，确保参观者行走安全舒适。

#### 3. 展商报到与进场

参展商凭借合同、确认函等资料报到，领取布展出入证，这是进入展馆的凭证。工作人员还应向参展商发放展会指南、平面图等资料，帮助他们更好地了解展会布局和活动安排。在报到与进场过程中，展会组织者应安排专门的工作人员在现场提供支持和帮助，协调和处理突发情况，确保参展商能够顺利、高效地完成报到和进场工作。

#### 4. 展位搭建管理

特装展位搭建由参展商自行完成，标准展位搭建由主办方负责。无论是特装展位还是标准展位，展位搭建管理主要是督促和协调主场搭建商、运输商和各展商相互配合，按照展会要求进行搭建，所有施工人员遵守安全操作规程，确保施工现场的安全，同时严格按照施工计划在规定的时间内完成布展。对展位搭建过程中可能出现的问题，及时予以协调处理。

#### 5. 施工验收

施工验收即质量把控，对展位结构、现场用电、电缆安装、灯光使用、材料防火性能、展位通道宽度、重型机械地面承重等进行检查。对发现的问题，要求参展商或搭建商及时整改，直至达到安全和质量标准，确保展会现场的安全。

6．海关现场办公

海外参展商比例比较大，可邀请海关现场设立办公点。海关现场办公主要是现场抽样检查。对不符合我国法律法规规定的展品，要求参展商退回或销毁。

7．展位楣板制作与安装

展位楣板上标识参展商名称和展位号。制作时，根据展会风格选择合适的材料，确保楣板美观、清晰。安装前，进行精确测量和定位。安装完成后，进行仔细检查，确保无误。

8．布展安全保卫

高度重视现场安全保卫工作，严格管理进出人员的证件，确保持有有效证件的人员方能进入布展现场，防止无关人员进入。安排保安人员进行定期巡逻，检查现场的安全状况，及时发现和处理安全隐患。重点监控展品存放区、电气设备区等地方，确保这些区域的安全。物料堆放整齐、稳固，避免因堆放不当导致的坍塌事故。对现场的电气线路进行检查，确保线路布置规范、无裸露电线，防止触电事故。

9．消防安全检查

布展结束后，会同消防部门对展场进行一次消防安全检查，检查内容包括消防设施的完好性、电气线路和用电设备的安全性、疏散通道的畅通性等等。通过这些检查，确保展场符合消防安全标准，为展会的顺利进行提供坚实的保障。

10．现场清洁

布展结束后，对场地内的垃圾及时收集并运出场馆。根据布展管理规定，展场垃圾清理需明确责任方。通常展会组织方会指定专门的清洁团队负责垃圾的收集和清运工作，确保现场整洁。参展商也需按照规定，自行清运或将各自展位产生的垃圾放入指定的垃圾收集点，由清洁团队统一处理。通过明确责任方和严格执行管理规定，确保展场垃圾得到及时、有效的清理。

## 三、开展期间服务策划

微课

开展期间服务策划

开展期间服务是会展现场服务重点领域，包括展览期间的人流、物流、信息流的组织管理。开展期间的服务是展会组织者组织管理水平的集中而显性化的体现，由于包括的事务很多，流程性强，需要多方协作。

### （一）观众登记与服务

1．在线预登记

提供便捷的在线预登记服务，观众可以通过展会官网或移动端应用提前填写个人信息，获取电子门票或二维码。在线预登记可以减少现场排队时间。

2．现场登记

配备专业的登记人员和高效的登记设备，确保观众能够快速完成登记手续。在展馆大厅设置观众登记处，登记台的具体数量要和预估的观众规模匹配，避免排队拥堵。

### （二）参展商行为管理

参展合同中明确参展商义务，或参展指南中列明参展商的行为规范和要求，包括展位搭建标准、展品展示规定、广告宣传要求、安全规定等。确保所有参展商在参展前充分了解并同意遵守这些规定。对转让展位、提前撤展、影响其他展位等常见的违规行为，要受到严格管理和及时纠正，必要时可采取强制性措施，确保展会现场的秩序和参展商的权益。

### （三）公关与接待活动

展会开展期间，针对主办方安排的重要接待活动，如邀请重要领导参观视察、接待外国参观代表团、接待行业协会或商会考察、接待外国驻华机构代表访问等，要做好相关工作，内容包括以下各项。

（1）确保接待场地的整洁，提供必要的接待设施，如接待室、休息区等。

（2）准备相关的接待资料，如展会简介、参展商名录、活动日程等，以便向来访者提供详细信息。

（3）安排相当级别的领导迎接和陪同，确保接待活动的规格和专业性。

（4）提前制定详细的接待计划，包括接待时间、路线安排、参观内容等，确保活动有条不紊地进行。

### （四）媒体接待与采访

开展期间的媒体采访是会展活动宣传推广的有机组成部分，为媒体参访提供便利和保障，需要完成以下工作。

（1）为各新闻媒体提供帮助，确保每个环节都有专人负责，提供专业的接待和引导服务。

（2）提供详细的展会资料，包括展会简介、参展商名录、活动日程等，保障报道基调一致的同时，引导不同媒体全方位地对展会进行报道。

（3）设置专门的媒体工作区，提供桌椅、电脑、打印机、网络接入等设施，确保媒体记者能够高效工作。

（4）设置新闻发布厅和采访区，确保场地的音响、灯光、投影等设备齐全且运行正常，提供舒适的采访环境，方便媒体记者进行采访和报道。

### （五）现场安全保卫

安全工作是会展活动成功举办的第一要务，会展现场安全管理涉及消防安全、人员安全、财产安全以及信息安全，如拥堵疏散、防止展品丢失或被盗等。现场设置安全保卫组，由专门人员各司其职，确保各项安全措施落实到位。

### （六）知识产权保护

展览会现场的知识产权保护工作是维护参展商权益的重要环节。设立专门的知识产权投诉中心，配备专业的法律人员，负责受理和处理知识产权侵权投诉。建立响应机制，确保接到投诉后能够迅速展开调查，并采取必要措施，如要求涉嫌侵权的展品下架、停止展示等。

## 实例精粹

### 广交会知识产权保护工作

实例精粹

广交会知识产权保护工作

### （七）其他服务管理

1．咨询服务

设立信息咨询台，提供详细的展会指南、日程安排、展位分布图等资料，帮助观众快速了解展会信息。安排专业的咨询人员，提供现场引导服务，帮助观众顺利找到感兴趣的展台和活动。

2．住宿服务

提供专业的住宿预订服务，帮助参展商和观众预订附近的酒店，提供高、中、低不同档次的酒店以供选择。

3．餐饮服务

在展会现场设置多个餐饮点，提供多样化的餐饮选择，满足不同人群的需求，包括快餐、正餐、茶歇等。所有餐饮供应商应符合食品安全标准，提供卫生、安全的食品，防止食物中毒等安全问题。

4. 现场保洁

安排专业的保洁人员，定时对展会现场进行清扫，确保地面、公共区域清洁，展位则由参展商自行清洁。及时收集和处理现场产生的垃圾，确保垃圾箱的清洁和空置，防止垃圾堆积影响环境卫生。

5. 信息收集与反馈

有效的信息收集与反馈机制是评估会展效果、优化未来活动的基础。展会期间通过多渠道收集数据，如问卷调查、现场访谈、观察法等，对数据深入分析，为决策提供依据。

6. 商谈下届事宜

与重要的参展商和合作伙伴进行续约洽谈，商讨下届展会的合作事宜，确保长期合作关系的稳定。

## 四、撤展策划

撤展作为会展现场服务的最后环节，必须有序且高效地进行，确保场地及时恢复的同时，充分保障参展商的财产安全。

### （一）展位拆除

制定详细的撤展计划，明确各展位的拆除顺序和时间，确保撤展工作有序进行。遵循“谁搭建谁拆除”原则，明确拆除主体，确保展位拆除的安全和高效，避免对场地和展品造成损害。在拆除过程中，要加强监督管理。

### （二）租用展具退还

各参展商临时租用的展具应退还给场馆方或搭建商。退还过程出现问题，组展方从中协调。

### （三）展品处理和运回

展品的处理方式包括销售、赠送、销毁或运回。根据规定不能出售的展品，可以赠送给观众或其他人员，不愿赠送的商品，也可以就地销毁。对于价值较大的展品，进行妥善包装，安全运回。

### （四）展场清洁

在撤展结束后，立即组织保洁人员对展场进行彻底清理，确保场地的整洁。对现场产生的垃圾进行分类处理，确保垃圾分类合规，并按照环保要求进行处置。

### （五）撤展安全保卫

撤展现场相对杂乱，安排专业的安保人员进行现场巡查，以确保撤展过程中的安全性，防止发生盗窃和意外事故。

## 第三节　会展风险预案设计

会展风险预案旨在通过对可能遇到的各种风险因素进行全面分析，制定相应的预防措施、应对策略和突发处理方案，以便在风险发生时能够迅速有效地进行应对，将损失降至最低。广义上的风险预案涵盖了从会展筹备到现场服务的全过程，而狭义的风险预案则仅指现场服务阶段的风险预案。鉴于会展活动中的现场服务需要应对更加突发的情况，时间紧迫，且如果解决不及时，可能导致严重后果，因此提前做好预案方案、有效规避风险显得尤为重要。本节所指的会展风险预案即为狭义上的风险预案，其设计过程通常包括以下几个关键环节。

## 一、风险识别

### （一）会展风险类型

会展风险主要分为系统性风险和非系统性风险。系统性风险包括政治风险与经济风险，这些风险通常与宏观环境相关，难以通过个别会展项目的努力来避免。非系统性风险则包括经营风险、财务风险以及合作风险等，这些风险与会展项目的具体运营和管理密切相关。

会展现场服务阶段的风险更多的是非系统性风险中的经营风险（见表 7-4）。

表7-4 会展风险类型分析

| 风险类型 | 具体风险 | 风险描述 | 举例 |
|---|---|---|---|
| 系统性风险 | 政治风险 | 与政治环境、政策变化等因素相关的风险 | 政策变动、恐怖袭击、游行 |
| | 经济风险 | 与宏观经济环境、市场变化等因素相关的风险 | 经济衰退、通货膨胀 |
| 非系统性风险 | 经营风险 | 与会展项目的具体运营和管理相关的风险 | 天气突变、食物中毒、现场火灾、工程事故、闹展、罢展 |
| | 财务风险 | 与会展项目的资金筹措、使用、回收等相关的风险 | 预算超支、收入无法覆盖成本、资金筹措不到位 |
| | 合作风险 | 与会展项目合作伙伴之间的合作相关的风险 | 合作伙伴违约、合作矛盾 |

### （二）会展风险识别方法

风险识别是会展风险管理的首要环节。通过组织专家团队进行头脑风暴，结合历史数据和行业分析，系统梳理会展项目可能遭遇的风险因素。国际展览与项目协会（IAEE）对于识别风险的方法进行了梳理，每种方法识别出的风险实际发生概率不同（见表 7-5）。

表7-5 风险识别方法

| 方法 | 发现概率 | 描述 |
|---|---|---|
| 来自过去的经验值 | 96.8% | 基于历史数据的估计 |
| 场地及展馆检查 | 95.2% | 对地点进行实地考察 |
| 与相关专业人员的个人访谈 | 57.1% | 直接与项目相关人员交流 |
| 项目管理过程中发现风险 | 57.1% | 在项目管理过程中进行 |
| 系统性风险管理 | 44.4% | 采用系统化的风险管理方法 |
| 与所有相关人员的风险头脑风暴 | 39.7% | 与项目所有相关人员一起进行风险讨论 |
| 使用预先准备的检查清单 | 34.9% | 利用事先准备好的检查清单 |
| 其他来源 | 17.5% | 其他方法或来源 |

## 二、风险评估

在识别可能影响会展现场服务的各种风险因素的基础上，通过综合考虑风险的发生概率、影响程度和持续时间，评估风险的大小和可能性，并根据评估结果对风险进行分类和确定风险等级。确保评估结果的准确性和可靠性，为后续制定有效的风险预防措施和应对策略提供坚实的基础。

## 三、风险预案制定

微课

会展风险预案制定

会展风险预案是会展现场管理过程中的重要文件，基于会展风险预案指导会展项目各方人员，确保会展项目的圆满成功。预案制定要注意以下几个方面。

### （一）明确责任分工

确定应急工作小组及职责时，应设立一位总指挥。该总指挥需具备丰富的经验、良好的沟通能力和较强的组织能力，负责应急预案的整体实施，并有权调动所需资源。根据需要，还可以设置几名副总指挥以协助总指挥的工作。基于会展项目可能面临的风险类型（如安全问题、技术故障等）或具体工作分类，下设相应的专业小组来处理特定类型的突发情况。每个专业小组都需明确指定一名组长，并确定小组成员名单及其主要职责范围，确保在紧急事件发生时能够迅速有效地响应和处置。

### （二）明确应急处置工作要求

1. 预案启动条件

明确启动应急预案的情况，包括但不限于如社会安全事件、事故灾难、自然灾害、侵权事件等。

2. 信息报告与传递

建立高效的信息报告机制，确保所有相关人员能够及时获取最新信息。规定信息传递的渠道、方式和时间要求。

3. 现场安全管理

规范现场内各类风险管理要求，如医务室人员设置与医疗用品器材配备、展馆内禁用物品规定等。

4. 资源调配

预先规划好应急物资、设备和技术支持等资源的存储位置和调配流程，确保在突发情况下能够迅速到位。

5. 人员培训与演练

对应急工作小组成员进行培训，提高其应对突发情况的能力。同时，组织模拟演练，检验预案的有效性和团队的协作能力。

### （三）加强组织纪律保障

明确纪律要求，确保所有应急工作小组成员在会展活动期间遵守统一的规定，具有高度的组织纪律性。参与应急处理的各部门应按照预案规定的程序迅速行动，并服从总指挥及副总指挥的指令，以确保应急响应的高效性。同时，建立严格的考勤制度，确保人员的出勤情况符合预案要求。

### （四）规定风险处置程序

针对不同的特殊情况，如火灾事故、偷盗等事件、人流集聚、维权事件、知识产权事件等，分别制定具体的处置程序和注意事项。

## 四、风险监控与控制

建立风险监控机制，对风险因素进行实时跟踪和监控。通过定期风险评估、现场巡查以及与相关部门的沟通，及时发现潜在风险和问题。根据实际情况调整应急预案和应对措施，确保其始终保持有效性和适应性。通过动态的风险监控与调整，可以最大限度地降低风险对会展活动的影响，保障活动的安全和成功。

### 实例精粹

**首届中国（××）国际数字产品博览会**

**应急处置预案**

实例精粹

首届中国（××）国际数字产品博览会应急处置预案

# 第四节 紧急事件处理与危机公关

## 一、紧急事件处理原则与步骤

紧急事件是指在会展活动现场突然发生且可能造成严重危害的情况，需要立即采取应急处置措施以减轻其影响。这些紧急事件可能是自然灾害、事故灾难、公共卫生事件或社会安全事件等多种类型。紧急事件通常在没有预警的情况下突然发生，因此需要采用非常规方法进行处理。

### （一）紧急事件处理原则

#### 1. 及时性原则

（1）及时报告。在紧急事件发生的第一时间，能够迅速将相关信息报告给总指挥或有关部门，以便立即采取行动。

（2）及时响应。在接到紧急事件报告后，能够迅速启动应急预案，并采取有效的应对措施。

（3）及时通知。能够迅速将相关信息通知到所有相关人员，确保他们能够采取适当的行动以保护自身安全。

#### 2. 科学性原则

（1）科学分析。在紧急事件发生时，通过系统的方法和技术手段，对事件的性质、原因、影响范围等进行准确的评估和分析。

（2）科学决策。在紧急事件处理过程中，基于科学分析的结果，做出合理、有效的决策，确保应对措施的有效性和安全性。

（3）科学指导。在紧急事件处理过程中，提供科学的技术支持和操作方法，确保应急响应的高效性和准确性。

#### 3. 安全性原则

（1）安全第一。在紧急事件处理过程中，始终将人员的生命安全和健康放在首位，任何决策和行动都必须以保障人员安全为前提。且不能因急于处理、不顾后果而造成新的更大的且不必要的财产损失。

（2）安全操作。在紧急事件处理过程中，严格按照安全规程和操作指南进行，由专业人员进行安全操作。

（3）安全防范。在紧急事件发生时，采取一系列必要措施，如设置警戒线、疏散人群等，防止事态扩大。

#### 4. 统一性原则

（1）统一指挥。明确的指挥体系，由总指挥负责整体协调和决策。

（2）统一行动。各部门和人员之间密切配合，形成合力。例如，安保部门负责现场警戒，医疗部门负责急救，后勤部门负责物资供应等。根据实际需要统一调配资源，包括人力、物资和技术支持。确保资源能够迅速到位并有效利用。

5. 协作性原则

（1）分工协作。明确各部门和人员的职责和任务，确保每个人都知道自己的角色和责任。充分发挥各部门的专业优势，实现资源互补。例如，消防部门提供灭火技术，医疗部门提供急救服务，安保部门维护现场秩序。

（2）资源共享。整合各部门的资源，确保在发生突发情况时能够迅速调配和使用。

### （二）紧急事件处理步骤

1. 了解情况

迅速判断事件的性质（如火灾、医疗突发、自然灾害等），发生的时间、地点和原因，立即将情况报告给指挥部门。

2. 及时隔离

对事故现场进行隔离，防止无关人员进入，保护现场证据。按照预设的疏散路线，组织人员迅速、有序地撤离现场。通过广播系统、指示标志等方式，向现场人员提供清晰的疏散指示。

3. 迅速处理

及时掌握事件影响，迅速作出决策，并立即启动应急预案，组织相关人员迅速到达现场，采取有效措施控制事态发展，实施相应的应急处置措施，确保人员生命财产安全得到有效保障。

4. 处理评估

对事件发生的原因及处置过程进行全面系统调查，评估处理方法的恰当性。对处理中暴露出来的问题进行归纳总结，并据此整改和完善工作方案和紧急事件处理流程。

### 实例精粹

××展会 AED 设备管理与人员培训问题

实例精粹

××展会 AED 设备管理与人员培训问题

## 二、危机公关的原则与步骤

危机公关是指在会展活动组织过程中，由于管理不善、同行竞争、遭遇恶意破坏或外界特殊事件的影响而给会展活动品牌形象带来危机时，会展组织者所采取的一系列自救行动，涉及消除影响、恢复形象的整个过程。会展企业面临公关危机时应该果断采取应对行动，以便化解危机或把危机带来的负面效应控制到最低。

### （一）危机公关的基本原则

1．承担责任原则

在会展危机公关中，公众关心两个问题。一是利益问题，对此企业或组织应勇于承担责任，主动面对问题，不推诿、不逃避，并积极化解矛盾。明确表示对事件负责，承诺采取具体措施解决问题。二是情感问题。企业或组织应特别关注受影响的利益相关者（如参展商、观众等）的感受，企业或组织应诚恳对其道歉，获得信任与支持。负责的态度和担当是赢得公众信任和谅解的关键。

2．真诚沟通原则

真诚沟通原则强调在会展危机处理过程中，企业或组织用真诚、开放的态度与各方进行沟通，做到诚意、诚恳、诚实。真诚沟通包含事前透明的原因调查、事中具体的处理方法、事后详细的预防措施等。企业或组织还应积极倾听各方意见,回应公众关切。真诚的沟通能有效缓解危机带来的负面影响，赢得信任和支持。

3．速度第一原则

速度第一原则即会展危机发生后，企业或组织应迅速反应，快速采取行动，将负面影响控制到最低。建立高效的危机管理团队和应急响应机制，立即调动所需的人力、物力和技术资源，确保各项应对措施能够迅速实施。利用各种渠道（如社交媒体、新闻发布会等）迅速发布准确的信息，抢占舆论先机。做到及时稳定人心，控制事态发展，为后续工作开创有利局面。

4．系统运行原则

系统运行原则强调，会展危机处理应通过统一的协调与管控，确保各个环节有序衔接。具体而言，需涵盖人员接洽和沟通、技术性措施与手段、信息渠道控制、内部口径统一以及媒体公关等方面。同时，加强内部各部门之间的协作，并与外部合作伙伴（如政府、媒体、行业协会等）保持紧密联系，形成合力，共同应对危机。

5．权威证实原则

权威证实原则要求通过第三方的认证或意见，增强公众对会展企业和品牌的信任，提升危机处理的公信力，如邀请独立的第三方机构（如质检部门、安全评估机构等）调查和评估，请相关领域的专家发表专业意见，争取政府部门的支持和认可，选择权威媒体进行报道以引导正面舆论。权威证实增强公众信任感，帮助企业成功走出危机。

### （二）危机公关处理步骤

#### 1．建立预警机制

在会展项目的日常运营中，危机公关的核心是预防和应对。企业或组织应建立一套完善的预警机制，及时发现和评估潜在的危机风险。同时，深入分析过往危机公关案例，无论是成功还是失败，都能为团队提供宝贵的经验教训。这种持续的学习与反省过程，有助于构建一种以预防为主、应对为辅的危机公关文化，使团队在面对未知挑战时更加沉稳应对。

#### 2．快速响应

危机发生后，企业或组织应迅速采取行动，控制事态发展。危机公关处理中快速响应的关键步骤包括以下几项。

（1）确认危机。危机可能源于多种因素，包括自然灾害、技术故障、人为错误、舆论压力等，确认危机发生的类型，了解危机的起因、波及范围、涉及主体及潜在发展趋势，迅速掌握第一手资料。

（2）成立应急小组。成立由高层领导组成的应急小组，负责全面指挥和协调危机应对工作。选拔具有危机处理经验、沟通能力强的团队成员，组建专门的危机应对小组。

（3）制定初步方案。根据对危机的初步判断，制定初步应对方案，包括危机处理主要目标（如保护展览项目品牌形象、减少经济损失、恢复公众信任等）、公关策略、实施措施等。

（4）向上级汇报。将初步方案向上级领导汇报，获取支持和指导。

（5）执行与监控。根据上级指示，迅速实施应急计划，按照预先制定的策略迅速行动。控制事态发展，密切关注媒体报道、社交媒体评论等舆情动态，及时调整应对策略。在危机处理过程中，充分调动内外部资源，包括人力、物力、财力等，以支持危机公关工作的顺利进行。

常见的会展项目危机事件分析及公关策略见表 7-6。

#### 3．深入调查

在快速响应的同时，企业或组织应展开深入的调查工作，以了解危机的详细情况。调查工作应包括以下几个方面。

（1）收集证据。建立多元化的信息收集渠道，如社交媒体监控、新闻报道追踪、客户反馈收集等，收集与危机相关的证据，包括文字、图片、视频等资料，以全面了解危机的发展过程和影响。

表7–6　常见会展项目危机事件分析及公关策略

| 危机事件类型 | 事件描述 | 分析问题 | 公关策略 |
|---|---|---|---|
| 展品损坏或失窃 | 会展期间，参展商的展品遭遇损坏或被盗 | 安保措施不足、监控盲区、人员疏忽等 | 1. 启动突发预案，协助报案；2. 公开致歉，承诺加强安保；3. 协商补偿方案；4. 加强安保培训 |
| 观众安全事故 | 会展现场发生观众摔倒、踩踏等安全事故 | 场地布局不合理、人流控制不当、安全标识不明等 | 1. 组织救援，确保救治；2. 公开通报事故，表达关切；3. 调整场地布局，优化人流引导；4. 配合调查，展示整改 |
| 媒体负面报道 | 会展遭遇媒体负面报道，如虚假宣传、服务不佳等 | 会展筹备不足、服务缺失、沟通不畅等 | 1. 迅速响应，了解报道背景；2. 如实致歉并改进；3. 如失实则澄清并采取法律手段；4. 加强与媒体沟通 |
| 参展商撤展风波 | 会展期间，部分参展商因不满服务或条件而撤展 | 服务不到位、合同条款不清、沟通不畅等 | 1. 与撤展参展商沟通协商；2. 公开说明情况并致歉；3. 审查合同条款，确保双方权益；4. 加强与参展商沟通 |

（2）调查原因。对危机发生的原因进行深入调查，找出问题的根源，为制定解决方案提供依据。

（3）分析影响。收集信息进行深入分析，明确危机的性质和严重程度，包括对组织形象、声誉、业务等方面的影响。

（4）制定解决方案。根据调查结果和分析结果，制定相应的解决方案，包括相应赔偿、改进措施等。

4．真诚沟通

在会展危机公关中，沟通是化解矛盾、平息事态的关键。企业或组织应与媒体、公众、客户等利益相关者保持沟通，以下是一些建议。

（1）及时回应。在危机发生后，及时回应媒体和公众的关切和质疑，掌握舆论主导权。

（2）真诚面对。企业或组织应真诚面对问题，不回避、不隐瞒事实真相。

（3）保持一致性。准备统一、准确、有说服力的信息。这包括危机声明、新闻稿、社交媒体回复等，以确保对外传递的信息一致且有力。

（4）传递正面信息。在真诚沟通的同时，企业或组织应积极传递正面信息，包括组织的责任感、诚信度等。

（5）保持沟通渠道畅通。确保与媒体、公众、客户等利益相关者的沟通渠道畅通，及时传递信息并回应关切。

5．协调各方关系

在危机公关处理过程中，组织应积极协调各方关系，以形成合力应对危机。以下是协调各方关系的要点。

（1）与政府机构保持沟通。组织应与政府机构保持密切联系，及时汇报情况并获取指导。

（2）与行业协会合作。与行业协会合作可以帮助组织获得更多的信息和支持。

（3）与合作伙伴共同应对。与合作伙伴共同应对危机可以增强组织的整体实力和应对能力。

（4）与媒体保持良好的合作关系。与媒体保持良好的合作关系可以获得更多的支持和理解。同时要积极回应媒体的关切和质疑，及时发布最新信息。

（5）与公众进行互动交流。充分利用各种沟通渠道和工具，如电话、邮件、社交媒体等渠道与公众进行互动交流，可以增加组织的透明度和诚信度，同时要关注公众的反馈和意见领袖的言论，根据情况及时调整策略。

6．处理评估

（1）评估效果。危机结束后，对危机公关的效果进行评估，评估内容包括危机应对的及时性、舆情处理效果、公众沟通效果以及社会形象塑造成果等方面。

（2）后续恢复。应回访危机源头，了解受影响方的需求，将被动应对转化为积极行动，借此提升组织的信誉与形象。对危机处理过程中的成功经验和失败教训进行总结，加强危机预警与防范工作。

## 融思贯通

本章介绍了会展现场服务的重要性与基本原则、会展现场服务过程计划、会展风险预案设计、紧急事件处理与危机公关等内容。

其一，本章强调了会展现场服务的重要性与基本原则。通过提供高效、专业的服务，可以保障会展活动顺利进行，提升客户满意度，塑造展会品牌形象。会展现场服务的基本原则包括以明确目标为导向、以深入需求为基础、以专业技能为支撑、以紧密协作为纽带，以持续创新为动力。这些原则共同指导着会展现场服务的实践，确保服务质量和效果。

其二，本章介绍了会展现场服务过程计划。会展现场服务涵盖前期规划、布展期间服务策划、开展期间服务策划、撤展策划等多个环节，涉及接待、咨询、协调、管理等内容，会展现场服务是一个系统性、流程性、专业性工作，通过精心策划和高效实施这些服务，可以确保会展活动顺利进行，并为参展商和观众等参与者提供优质的体验。

其三，本章阐述了会展风险预案设计。会展风险预案是应对紧急事件、保障展会顺利进行的重要手段。预案设计涵盖风险识别、风险评估、预案制定、风险监控与控制等关键环节。通过预测和识别潜在风险，包括但不限于经营风险、财务及合作风险等，并对其进行评估，可以制定出针对性的应对策略，以便在突发事件发生时，能够确保迅速响应并有效处理。

其四，本章阐述了紧急事件处理与危机公关的内容。紧急事件处理注重对现场突发情况的应对，确保问题能够得到及时有效的解决。危机公关旨在维护会展品牌形象和公众信任，需要遵循承担责任、真诚沟通、速度第一、系统运行和权威证实等五个原则，其关键处理步骤包括建立预警机制、快速响应、深入调查、真诚沟通、协调各方关系，并进行处理评估。

1. 为什么要重视会展现场服务？围绕某一具体的目标受众，谈谈为其提供全流程现场服务的内容包括哪些？需要遵循哪些原则？

2. 展览项目的现场服务涵盖哪些维度？提前规划在其中扮演怎样的角色？请分享你的见解或实践经验。

3. 针对已识别和评估的风险，“预案制定”时需考虑哪些关键要素才能确保应对策略的针对性和可操作性？不同类型的风险在应对策略上可能存在哪些差异？

4. 紧急事件处理中，现场应对措施与后续危机公关工作如何衔接才能避免二次风险？

## 展技实操

### 会展现场服务与风险预案制定

**➢ 实训目标**

通过本次实训，使学生能够掌握会展现场服务的基本环节与要点，能制定会展现场服务方案。根据会展风险识别结果，制定会展风险预案。

**➢ 实训内容与步骤**

一、会展现场服务方案制定

1. 实训任务：进行实际会展项目考察，针对考察的现场服务环节制定现场服务方案。

2. 实训步骤：

现场考察：选择会展项目，进行现场考察。

理论学习：分析成功案例，总结其成功要素和可借鉴经验。

方案制定：分组进行会展现场服务方案制定，可从前期规划、布展期间服务、开展期间服务、撤展等多个方面选择制定具体内容。

二、会展风险预案制定

1. 实训任务：进行实际会展项目现场考察，针对考察的现场服务环节制定风险预案。

2. 实训步骤：

(1) 现场考察：选择会展项目，进行现场考察。

(2) 风险识别与评估：学习风险识别的基本方法，识别考察环节中可能存在的风险。对识别出的风险进行评估，分析其发生概率、影响程度及可能造成的损失。

(3) 会展风险预案制定：根据现场考察结果以及风险评估结果，策划针对性的风险预案。

(4) 模拟执行：在模拟环境中实施风险预案，模拟处理现场突发情况和危机公关。检验风险预案的可行性和有效性，记录存在的问题和不足。

(5) 总结完善：对模拟演练进行总结，分析风险预案的优缺点，对风险预案进行完善和优化。

➢ **实训要求**

根据任务要求，学生组建团队分工协作，着眼实际，制定会展现场服务方案和会展风险预案。鼓励学生在实训中发挥创新思维，提出新颖的观点和解决方案。

实训结束后，提交会展现场服务方案、会展风险预案各一份，以及一份完整的实训报告。文档以word的形式进行提交，并遵循格式规范进行美化。汇报实训过程和成果，包括现场服务方案制定的依据和内容、风险预案的针对性和可行性，详细记录课程模拟实训中的步骤和心得体验。

➢ **实训评价**

根据方案的规范性和实用性、实训过程中的参与度和团队合作、报告质量与汇报效果进行综合评价。可采用教师评价、企业导师评价、学生互评等多种方式开展评价。

方案规范性：结构清晰，逻辑性强，便于理解和实施，且格式规范。

方案实用性：针对实际问题提出有效的解决方案。

团队协作：依据小组成员之间的个人贡献度、沟通协调能力和合作精神进行评估。

报告质量：根据实训报告的完整性、条理性以及表达清晰度进行打分。

现场表现：评估实训小组在模拟演练、成果展示过程中的汇报表现。

实训成绩将计入课程总评，反映学生在会展策划领域的综合能力。

## 本章习题

### 一、判断题

1. 会展活动的成功依赖于现场服务的高效性、有序性，而这无需精心地策划和组织。（　　）

2. 近年来新技术的出现提升了现场管理的效能和服务品质，因此得到了越来越多的应用。（　　）

3. 为维护参展商权益，需要重视展览会现场的知识产权保护工作。（　　）

4. 会展风险预案是会展现场管理过程中的重要文件，基于此方案可指导展会各参与方，确保会展活动的成功举办。（　　）

5. 紧急事件通常在没有预警的情况下突然发生，因此需要采用非常规方法进行处理，因此不需要提前制定应急预案。（　　）

### 二、多选题

1. 会展现场服务需要遵循原则：（　　）

A. 以明确目标为导向

B. 以深入需求为基础

C. 以专业技能为支撑

D. 以紧密协作为纽带

E. 以持续创新为动力

2. 开展期间的服务包括：（　　）

A. 观众登记与服务

B. 参展商行为管理

C. 公关与接待活动

D. 媒体接待与采访

E. 现场安全保卫

3. 会展活动风险类型主要包括：（　　）

A. 政治风险

B. 经济风险

C. 经营风险

D. 财务风险

E. 合作风险

4. 下列有关会展风险预案说法正确的是：（　　）

A. 明确责任分工，确定应急工作小组及职责

B. 明确启动应急预案的情况，包括但不限于如社会安全事件、事故灾难、自然灾害、人员发热、侵权事件等

C. 建立高效的信息报告机制，确保所有相关人员能够及时获取最新信息

D. 针对不同的特殊情况，如火灾事故、偷盗等事件、人流积聚等，分别制定具体的处置程序和注意事项

E. 风险预案一旦确定，不需要调整

5. 危机公关的原则包括：（　　）

A. 承担责任原则

B. 真诚沟通原则

C. 速度第一原则

D. 系统运行原则

E. 权威证实原则

习题答案

第八章

# 会展效果评估与项目总结

## 思维导图

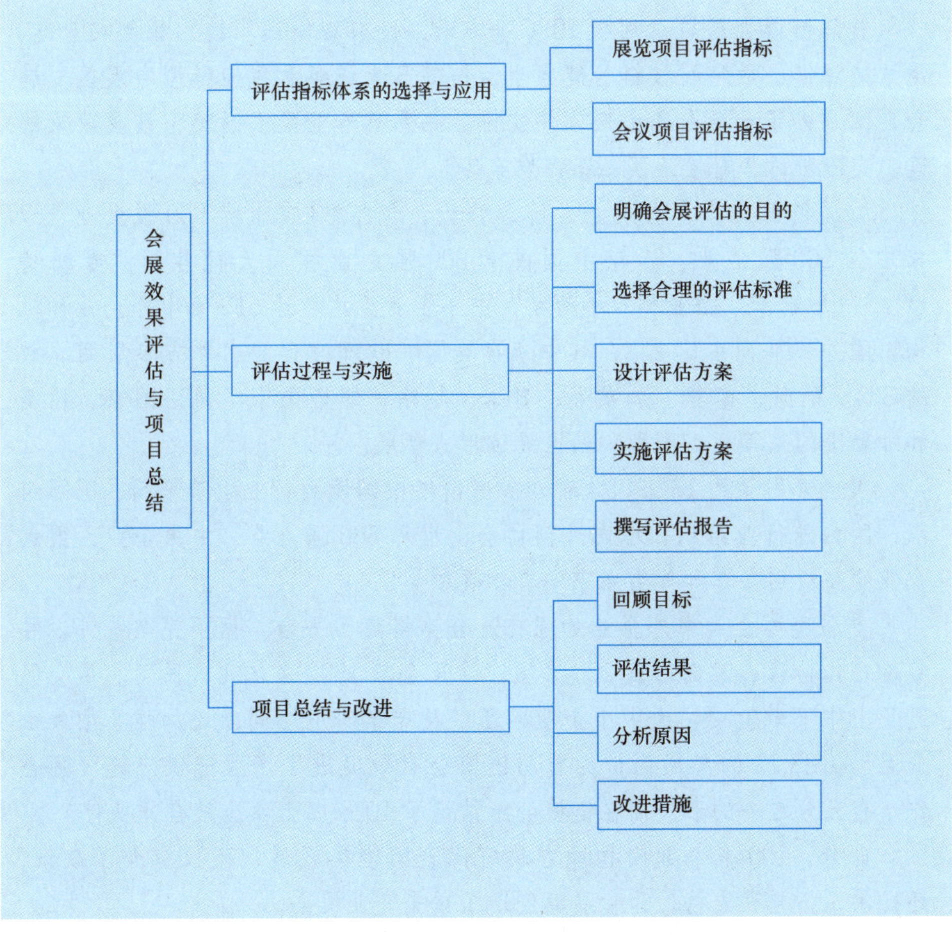

## 学习目标

- 掌握会展评估指标的选择，能根据会展活动特色确定评估指标体系
- 熟悉会展评估过程，能根据评估方案的安排，实施评估工作
- 能够较为系统地总结会展效果，找出成功与不足之处，并进行原因分析

## 开篇导引

首届“全球产业链供应链博览会”（以下简称“链博会”）是全球首个以供应链为主题的国家级展会，其主题为“链接世界 共创未来”，旨在展示中国产业链供应链的高质量发展，并推动全球产业链供应链的深度融合。

首届链博会展览总面积10万平方米，设有智能汽车链、绿色农业链、清洁能源链、数字科技链、健康生活链等5大链条和供应链服务展区。展会期间举办了6场专题论坛，并安排了一系列专业配套活动，涉及政策解读、交流研讨、对接洽谈、新品发布等。

首届链博会上，参展企业阵容强大，包括53家世界500强企业、57家中国500强企业、25家中国民营500强企业和一大批各国“专精特新”“隐形冠军”企业和“小而精”中小企业，总数达515家中外企业和机构。国外参展商占比26%，其中来自美国、欧洲的企业占外方参展商总数的36%。同时，南非、加拿大、日本、越南、非盟国家、葡语国家、拉美和加勒比国家等也以国别和地区展位形式参展。

展会吸引了约13万人次观众。邀请了中国境内行业主管部门、国际组织、国内外行业组织、境内外商协会、世界500强企业、中央企业、重点企业的高级别嘉宾和知名专家学者参展参会。

首届链博会为中外企业加强交流合作搭建了平台。据不完全统计，共签署合作协议、意向协议200多项，涉及金额1500多亿元人民币。展会促进了上中下游衔接、大中小企业融通以及产学研用协同，还加强了中外企业互动。83.2%的参展商认为首届链博会有效促进了产业链供应链国际合作。有三分之一的参展商在链博会上结识了10家以上供应链合作伙伴。

此外，100多个部门和地方政府代表团密集观展，不仅宣介了政策，还提供了指导和支持，为参展商创造了更多商业机会。

请思考，若对首届链博会进行效果评估，如何选择评估指标体系，评估过程包括哪些环节？

资料来源：首届链博会实现四大预期目标总签约金额超1500亿元[EB/OL].https://www.gov.cn，2023-12-02.有改动。

## 第一节　评估指标体系的选择与应用

会展项目的评估主要是指对一个会展项目的运营状态、实际效果和各方反映等情况进行调查、取证、分析和评价，从而使各会展项目之间或者同一题目的各届会展活动之间能够进行客观的比较，以及做出科学的评论。作为会展整体运作管理中的一个重要环节，会展项目评估不仅能够验证会展项目策划方案的有效性和实施成果，还能为未来的会展策划与组织提供有价值的参考信息，从而实现会展项目的持续改进与优化。

会展项目的评估通常由项目主办方自行实施，旨在主动掌握项目状况，及时发现问题并持续改进。政府主管部门也会开展评估，进行项目考核，加强管理或为相关政策指引提供依据。更常见且更具公信力的是第三方评估。“第三方”指独立于主办方和参展商之外的机构，具有中立性，能够提供客观公正的评价。

### 一、展览项目评估指标

微课

展览项目评估指标

#### （一）展会的规模

评估展览规模是衡量展会效果的关键因素之一，主要表现为各种展览面积的统计，包括展览总面积、已租赁的展览面积、室内面积、室外面积、净展览面积等。

#### （二）参展商状况

1．参展商数量

参展商数量提供了一个简单而直观的量化标准，包括国内参展商、国外参展商、国内外参展商之比、参展商国家构成、展期内各天数的参展商等。

2．参展商质量

这一指标更深入地反映了展会的专业性和影响力，包括但不限于行业内领军企业的参与情况、新兴竞争性企业的加入情况，以及参展企业展示的是常规产品还是创新性的新产品。通常来说，参展商的整体质量越高，展会的实际效益也就越显著。

3．参展商满意度

参展商满意度主要反映了参展企业对于展会组织、服务、效果等方面的综合评价。高满意度通常意味着展会成功地提供了良好的参展体验，包括有效的商务对接机会、充足的观众流量以及专业的现场管理与支持。

### （三）专业观众状况

1．专业观众的数量

专业观众的数量是评估展会效果的重要指标之一，包括总数量指标和分类指标。这主要因为专业观众通常是行业内的专家、潜在客户或者合作伙伴，他们的参与度能够直接影响到参展商的业务拓展机会。为了准确评估专业观众数量所带来的影响，展会组织者通常会结合其他指标一起考量，如观众的质量（即他们的行业背景、职位等）、实际达成的合作协议数量等。

2．专业观众的质量

这里的“质量”指的是专业观众中具有采购决策能力的比例。具体表现在是否拥有购买决定权或建议权，是否在行业内具有一定的影响力，是否对展出的产品或服务表现出浓厚的兴趣，是否有明确的购买计划，以及是否有意愿向他人推荐等。当展会吸引了更多具备上述特质的专业观众时，意味着参展商更有可能直接接触到潜在的买家或合作伙伴。专业观众中这类高质量参观者的比例越高，展会的实际成交额也就越大，整体展出效果自然也会越好。

3．观众活动情况

这里主要考虑两个方面。一是观众参观展览所花费的总时间。一般来说，观众停留的时间越长，表明他们对展览内容的兴趣越高，从而与参展商交流的机会也越多，成交的可能性越大。同时，人流密度情况也是衡量展览效果的关键因素。它指的是在展馆开放期间，每平方米展览面积上平均可容纳的观众人数。例如，如果每 10 平方米内有 2 ~ 3 位参观者，则可以认为该展览会有良好的人流密度。对于消费型展览会，较高的参观者密度是受欢迎的，这有助于提高产品的曝光率和销售机会。然而，对于专业性展览会而言，过于拥挤则可能降低参观体验，不利于深度交流，因此人流密度不宜过高。

4．专业观众满意度

作为一个综合性指标，其构成涵盖了多个方面，包括但不限于观众对展会内容的相关性和吸引力、参展商的质量和多样性、现场活动的丰富性和实用性、展会组织的效率和专业性、参观环境的舒适度等。通过对这些具体要素的评估，可以全面了解专业观众的需求是否得到满足，进而衡量展会的整体效果和成功度。

### （四）成交成果

成交成果直接反映了展会的商业价值和成功程度，一般包括有无达到销售目标、成交金额、成交笔数、意向成交额、与新客户成交额、与老客户成交额、展览期间成交额、预计后续成交额等。仅从展会现场效果看，以下是较为重要的评估展会效果的核心经济指标。

#### 1. 成交金额

成交金额是指在展会期间或因展会直接促成的实际交易金额，它直接反映了参展商在展会中的实际收获，是衡量展会即时效果的重要指标。对于参展商来说，较高的成交金额意味着展会对其销售业绩产生了立竿见影的正面影响。

#### 2. 意向成交金额

意向成交金额是指在展会期间或因展会而产生的潜在交易总额。这些交易可能还没有最终确定，但是双方已经达成了初步的购买意向或签订了意向书。意向成交金额虽然不是实际的收入，但它预示着未来可能实现的交易，是评估展会潜在商业价值的重要依据。对于参展商而言，意向成交金额反映了他们在展会上建立的潜在商业关系的价值，以及展会对其长远业务发展的潜在贡献。

#### 3. 潜在客户转化

这是从参展商角度考量的一个关键指标。除了即时成交外，展会还带来大量的潜在客户信息。这些潜在客户在未来一段时间内的转化情况，可用潜在客户转化率来衡量，即通过展会营销活动产生的潜在客户成功转化为客户的百分比。通过监控这一指标，展会组织者可以优化展览活动的流程，提升对专业观众的吸引力。确定展会中的潜在顾客产生的销售，需要长期跟踪，主要表现在展后的几个月内的参展企业的销售额里。

### （五）其他指标

除了上述指标外，评估展会效果还应考虑以下几项关键指标。

#### 1. 成本效益分析

展会总成本与总收益的对比分析。成本包括展位租金、搭建费用、宣传推广费、人员工资等；收益则包括参展费、赞助费、广告收入等。通过对比成本与收益，可以清晰地了解展会的投资回报率。

2．媒体曝光率

媒体曝光率主要指展会前后的媒体报道数量、质量以及覆盖面，以及社交媒体上展会的帖子、评论、点赞、分享等互动情况。社交媒体上这些数据反映了公众对展会的关注度和参与度，也是衡量展会线上影响力的一个重要标准。

3．参会嘉宾质量

不仅关注参会人数，还要考虑参会者的身份、地位及其对展会主题的贡献度。高质量的嘉宾能够提升展会的专业水平，吸引更多业内专业人士参加。

4．区域经济影响

展会对举办地及其周边地区的经济刺激作用，例如增加当地旅游业、酒店业、餐饮业、交通业等相关产业的收入。此外，长期来看，展会还有助于提升城市形象，吸引外来投资，推动地方经济发展。

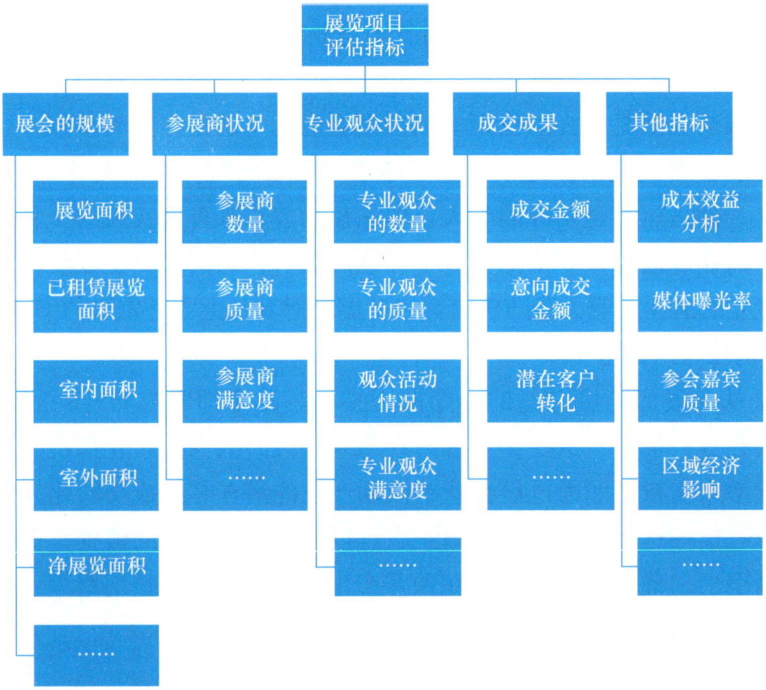


图 8.1 展览项目评估指标体系

## 实例精粹

**中国（昆明）国际茶产业博览会评估指标体系**

实例精粹

中国（昆明）国际茶产业博览会评估指标体系

## 二、会议项目评估指标

会议项目评估是会议管理的一项基础工作，为未来改进提供依据的关键环节，会议项目评估指标可以包括以下几个方面。

### （一）目标达成情况

评估会议在知识分享、业务扩展、品牌形象提升等方面目标的达成程度。这需要明确设定可衡量的目标，并通过收集数据来验证这些目标是否达到预期效果。

### （二）规模与参与者质量

对比实际到会人数与预期人数，并关注参会者的多样性（如行业、地区背景）以及国际参与度。同时，评估受邀演讲嘉宾的专业水平及其对会议价值的贡献。此外，统计并分析重复参会者的比例，以了解会议品牌的吸引力和忠诚度。

### （三）经济效益分析

进行成本效益分析，涵盖会议筹备至结束期间的所有开支与实际收入。考察赞助商的投资回报率，以及参会者中付费参与的比例，以此作为衡量会议商业成功的重要标准之一。

### （四）媒体宣传与影响

检视会议是否有专属的媒体平台支持，并评估其通过传统与新兴媒体渠道推广的覆盖范围。统计社交媒体上的互动量（如发布的内容、评论数、转发次数、点赞数），并特别注意国际媒体报道的数量与质量。

### （五）活动内容创新性与丰富性

分析会议主题的独特性、活动形式的多样性以及提供的社交交流机会。考量现场互动环节的设计及其参与度。

### （六）参会者满意度

与会代表（包括主讲人）对于会议内容、演讲质量、日程安排、场地设施、住宿饮食、辅助行程等方面的意见反馈。同时也应考虑随行人员对相关文化活动、观光游览等活动的满意度。对于参加附设展览的参展商，了解其对展览组织工作和服务水平的看法。

# 第二节 评估过程与实施

会展评估是一项系统性过程，需按照一定的计划和步骤来执行。一般来说，进行一次有效的会展评估应包括以下步骤。

## 一、明确会展评估的目的

会展评估的目的在于衡量会展活动的效率与效果。鉴于会展活动涉及多个层面的工作内容及其成果，这使得评估的目标变得多元化和复杂化。因此，在启动评估流程之前，应当清晰界定评估的具体目标和主要内容，并根据这些目标的重要程度来决定评估的重点及先后顺序。

## 二、选择合理的评估标准

合理的评估标准直接关系到评估结果的有效性和可信度。首先，评估标准的选择应当与会展的目标紧密相关。例如，会展目标是促成销售，则成交数量、潜在客户获取量、现场成交额等将成为重要考量因素。其次，评估标准应当从多个维度进行设置，如参展商满意度、观众反馈、社交媒体数据分析传播效果等。再次，评估标准应结合定量分析与定性评价，以获得更全面的评估结果。不仅包括可以量化的数据，如参观人数、销售额等，也应包含难以量化的质性信息，如参会者体验评价。同时，所选标准应当便于收集数据，且数据收集方式应易于实施。最后，可参考行业内其他类似会展的评估标准。

需要指出的是，评估标准不应是一成不变的，而应随着会展目标的变化、行业发展趋势以及市场环境的变动进行调整。

## 三、设计评估方案

微课

评估方案设计

设计评估方案时应包括以下要点。

### （一）时间安排

明确评估的时间框架，包括准备阶段、执行阶段和总结阶段的关键时间节点。确保每一项评估活动都有足够的时间来完成，并预留缓冲时间应对突发情况。

### （二）抽样策略

确定评估对象的选取方式，无论是采用随机抽样还是定向抽样，都需要确保样本具有代表性，能够准确反映会展的整体情况。

### （三）评估对象和方法

根据不同目标，选择合适的评估对象，如参展商、观众、媒体等，以及相应的评估方法，如问卷调查、深度访谈、行为观察等，确保评估方法能够有效地收集所需的信息。

### （四）人员安排

组建一支具备专业知识和技能的评估团队，明确每人的职责与分工，确保评估过程顺利进行。对工作人员进行专业培训，使他们掌握评估方法和技术，确保他们熟悉评估流程，并预先考虑可能出现的问题及应对措施，以提高评估工作的有效性。

### （五）设计评估工具

开发专门针对不同评估对象的问卷、调查表或其他评估工具，如参展商满意度调查问卷、观众反馈表、访谈表等。在小范围内进行预测试，以验证问卷的有效性，并根据反馈及时调整和优化评估工具。

### （六）经费预算

编制详细的评估活动预算，考虑到评估过程中可能产生的各种费用，如问卷印刷费、交通费、数据处理软件购买费等，并确保有足够的资金支持评估工作的开展。

### （七）问题预防与解决机制

提前预见评估过程中可能出现的问题，并制定相应的应急预案，以减少不确定因素对评估结果的影响。

通过细致规划以上各个方面，可以确保会展评估方案的有效性和可执行性，从而为准确评估会展项目提供支撑。

## 四、实施评估方案

依据评估方案的时间安排和人员分工，实施评估。主要包括以下关键步骤。

### （一）评估准备

根据评估的具体对象，准备评估所用的各类工具。如各类问卷、录音设备、摄像设备、数据存储工具、小纪念品等。

### （二）收集数据

根据评估目标，采取合适的方式收集数据。如通过查询文献资料、安排记录、召集会议、组织座谈、现场观察、利用调查问卷等方式收集各种信息。

### （三）数据整理

将收集到的各种形式的信息进行分类整理，对数据进行编码或将非数值数据转换成数值数据形式，便于统计软件计算和处理，剔除无效或重复的数据，确保后续分析的准确性和有效性。

### （四）数据分析

运用统计学方法处理数据，例如描述性统计数据、频数分布分析、交叉分析等，以揭示数据背后的模式和趋势。

### （五）初步结论

将数据分析的结果与评估标准进行对比，识别会展项目的亮点和不足之处，形成初步的评估结论。

**实例精粹**

**2024 第十七届中国环保展评估数据**

实例精粹

2024 第十七届中国环保展评估数据

## 五、撰写评估报告

根据不同阶段的效果评估，汇总分析数据，对整个会展活动过程的效果进行总体评价，写出评估报告。报告内容一般包括以下内容。

### （一）评估项目背景

依据有关的背景资料，对评估的由来或具体原因加以说明。

### （二）评估目的

说明实施评估的目的，如评估目标达成情况、分析各项活动效果、了解参展商和观众满意度等。

### （三）评估过程与方法

说明评估的对象、样本容量和抽样方法，介绍数据采集的方法，如问卷调查、访谈、在线调查和现场观察等，以及采集实施的具体过程，并阐述使用统计分析软件对收集到的数据进行处理和分析的步骤。

### （四）评估结果统计分析

通过统计表和统计图来展示评估结果，并对图表中的数据所体现的趋势、关系和规律进行客观描述，即对评估结果进行说明、讨论和推论。评估结果的内容应与评估目的相一致，并根据评估标准的重要程度来突出重点。

### （五）评估结论与可行性建议

评估结论应当用简洁明晰的语言作出，必要时可引用相关背景资料加以解释和论证。建议部分应针对评估结论提出可以采取的措施，以获得更好的效果，或是说明如何处理已存在的问题，并提供有针对性的行动方案。

### （六）附录

包括具体的附件，如调查问卷、访谈记录、统计数据表格等，以及其他为评估报告提供补充和支持材料。

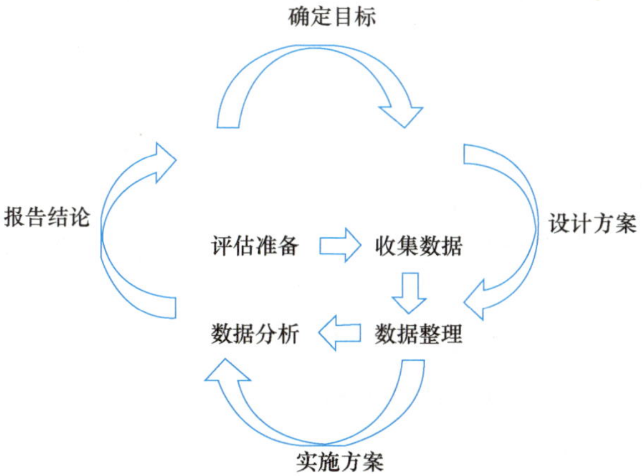


图 8.2　会展项目评估过程图

## 第三节 项目总结与改进

会展活动结束后，应当对已完成的工作进行全面回顾与总结。这样可以重新审视整个项目的执行过程，细致分析每一个环节，从而更准确地评估工作中的成绩与不足。基于对工作流程的综合分析，制定具体的改进措施，为未来的会展活动策划与执行提供参考。

### 一、回顾目标

在会展活动结束后进入项目总结阶段时，首先要做的就是回顾目标。目标作为参照系是会展活动的出发点，也是评估活动成败的重要依据。只有明确目标，才能准确判断会展活动是否达到了预期的效果。具体来说，会展活动的主要目标包括但不限于以下几个方面。

1．品牌知名度

通过社交媒体、新闻报道、广告等多种渠道，提高品牌的曝光率，确保品牌名称、标志和核心价值在目标市场中广泛传播，使更多潜在客户知晓并关注会展品牌。

2．实现销售额

利用会展平台直接促成现场交易，达到预定的销售额，为参展商创造实际经济效益。

3．吸引目标群体

会展参展商、专业观众等目标群体的数量及其结构情况，体现会展的专业性和影响力。

4．客户满意度

在会展期间通过高质量的服务，获得客户的满意度反馈，提升客户体验。

5．实现盈利

通过精确的成本管理和合理的定价策略，确保会展项目的收支平衡，并实现盈利。

目标的确认应符合 SMART 原则，即具体性、可衡量性、可实现性、相关性、时限性，从而保障目标有效且可操作。

会展目标符合 SMART 原则举例见表 8-1。

表8–1　会展目标符合SMART原则举例

| 原则 | 意义 | 举例 |
|---|---|---|
| 具体性（Specific） | 目标必须清晰具体，避免模糊不清，以便在总结时能够对照衡量 | 扩大展会面积，招展增加20%的参展商 |
| 可衡量性（Measurable） | 目标必须是可以量化的，以便评估和跟踪进度 | 通过高质量的服务，获得至少90%的客户满意度 |
| 可实现性（Achievable） | 综合考虑到可用的资源和条件，目标应该是现实可行的，从而使其评估有意义 | 展会达到收支平衡，利润率提高5% |
| 相关性（Relevant） | 目标应该与组织的战略和使命相关联，从而对组织产生价值 | 提升展会在行业内的影响力，成为该领域内前三的展览品牌 |
| 时限性（Time-bound） | 目标必须设定一个明确的时间框架，以便评估组织的效能 | 制定详细的招商时间线，包括各个阶段的任务和时间节点 |

## 二、评估结果

会展的结果指的是会展活动结束后所取得的一系列成果和效果，这些成果和效果反映了会展活动在多个层面的实际表现。一般而言，可以从运营、销售和营销等关键方面来总结会展的实际表现。

### 1. 运营方面

通过团队成员的集体讨论来评估会展项目的执行情况，可根据时间轴或关键交付成果来描述实际发生的情况。对于招商招展、物流与布置、技术支持、安全保障等重要工作的推进情况，需要逐一进行详细总结。会展活动组织过程中有无重大问题，需要进行系统性梳理。

### 2. 销售方面

评估会展的销售情况对于会展组办方来说至关重要。会展结束后的实际销售业绩反映了会展活动的商业效果。销售情况可以促使组办方审视活动的整体安排，检查资源配置是否有效，识别哪些环节存在问题，以便及时调整和改进。

### 3. 营销方面

评估会展的营销效果同样不可或缺。会展结束后的市场反馈是衡量会展活动市场表现的重要依据。营销效果可以从多个维度进行考量：① 评估宣传策略的有效性：通过媒体报道的数量、质量和覆盖面，总结媒体报道对品牌知名度提升的作用；通过社交媒体上的互动情况，如点赞、评论、分享等，总结社交媒体活动对品牌传播的影响；通过官方网站或其他相关网站的访问量，总结活动对网站流量的推动作用。② 评估品牌推广效果：通过调查问卷、在线调查等方式，了解会展前后品牌知名度的变化，总结会展活动对品牌知名度提升的效果；同时评估会展活动前后客户对品牌的印象变化，总结会展活动对品牌形象的正面影响。③ 评估市场覆盖情况：通过会展活动吸引的受众群体特征，总结会展活动吸引预期的目标受众的情况；通过会展活动在目标市场的渗透程度，总结会展活动有效扩大市场份额的情况。

## 三、分析原因

将结果与目标进行对比，可能有四种情况，结果和目标一致、结果超越目标、结果不如目标、在做事过程中添加了预期没有的目标（见表 8-2）。结果对比的目的是发现问题，分析问题存在的原因。

表8-2 结果与目标对比分析表

| 结果与目标对比 | 可能的原因 | 改进措施 |
| --- | --- | --- |
| 结果和目标一致 | 1. 计划执行得当：活动的策划和执行均按计划进行，没有出现大的偏差<br>2. 资源配置合理：财务、人力、物力等资源得到了合理配置和有效利用<br>3. 团队协作良好：团队成员之间协作顺畅，确保了各项任务顺利完成<br>4. 市场预测准确：市场调研充分，活动主题和内容符合市场需求 | 1. 持续优化，提高效率和效果<br>2. 在保持现有优势的基础上，探索新的活动内容、营销策略和服务方式，以保持竞争力 |
| 结果超越目标 | 1. 超预期表现：销售团队、技术支持团队等超常发挥，表现出色<br>2. 市场需求旺盛：市场需求高于预期，活动吸引了更多客户和观众<br>3. 外部因素有利：外部环境（如政策、市场趋势）对活动产生了积极影响<br>4. 实施创新举措：采取了一些创新举措，取得了意想不到的效果 | 1. 总结经验，提炼成功要素，形成可复制的模式<br>2. 风险控制，防止过度乐观导致未来可能出现的风险 |
| 结果不如目标 | 1. 策划与执行差距：策划方案与实际执行之间存在差距，导致未能达到预期效果<br>2. 资源分配不合理：财务、人力、物力等资源配置不合理，导致某些关键环节未能得到足够支持<br>3. 市场预判失误：市场调研不够充分，活动主题和内容未能准确反映市场需求<br>4. 外部因素不利：外部环境（如政策、市场趋势）对活动产生了负面影响 | 1. 针对查找到的问题，制定具体的改进措施，如优化资源配置、改进策划方案、加强市场调研等<br>2. 强化执行能力，确保策划方案能够得到有效执行 |

续表

| 结果与目标对比 | 可能的原因 | 改进措施 |
| --- | --- | --- |
| 在做事过程中添加了预期没有的目标 | 1. 市场变化：市场环境发生变化，需要调整目标以适应新的市场需求<br>2. 客户需求变化：客户需求发生了变化，需要调整目标以满足新的客户需求<br>3. 内部决策调整：内部决策发生变化，需要调整目标以适应新的战略方向<br>4. 外部机会：发现了新的外部机会，需要调整日标以抓住这些机会 | 1. 积累经验，提高在未来活动中应对类似情况的能力<br>2. 总结新的市场机会或客户需求，为下一届会展活动提供新的发展方向<br>3. 挖掘会展活动的潜在价值和发展潜力，使活动更具吸引力和竞争力 |

## 四、改进措施

通过事后回顾的方法，总结会展项目中的成功经验和教训，并将其详细记录下来供未来参考。同时，针对分析中发现的问题提出具体的改进措施。团队成员共同识别会展活动举办成功的因素和需要改进的方面，促进组织内部的知识共享和经验学习，从而不断提升团队的专业能力和协作效率。

### 实例精粹

实例精粹

展会复盘的思考

**展会复盘的思考**

### 融思贯通

本章介绍会展效果评估与项目总结相关内容，包括评估指标体系的选择与应用、评估过程与实施、会展项目总结与改进。

其一，本章阐述了评估指标体系的选择与应用，分别介绍了展览评估指标与会议评估指标。前者包括展会规模、参展商状况、专业观众状况、成交成果及其他指标（如成本效益分析、媒体曝光率）等几个方面，每个方面由若干个具体指标构成，从而形成了展会评估指标体系。后者由项目达成情况、规模与参与者质量、经济效益、媒体宣传与影响、活动创新性与丰富性、参与者满意度等几个方面构成。会展项目评估不仅验证策划方案的有效性和实施成果，还为未来的会展策划与组织提供有价值的参考信息，实现持续改进与优化。

其二，本章介绍了会展评估过程与实施，这一过程包括明确会展评估的目的、选择合理的评估标准、设计评估方案以及实施评估方案四个步骤。会展评估是一个系统化的过程，不仅需要有方案可依，做到评估标准明确、评估方法科学，而且还需要关注评估结果的应用，解决实际问题。

其三，本章介绍了会展项目总结与改进。依据SMART原则再次回顾会展目标，评估会展项目取得的一系列成果和效果，总结在运营、销售和营销等关键方面的实际表现，对比目标之后，找出项目实施中的优点与不足，分析其中原因，并提出进一步的改进措施。

1．对于会展评估指标的选择，谈谈你的认识。

2．请思考，设计评估实施方案有何意义，设计要点是什么？

3．你熟悉哪些数据分析的方法，谈谈你的认识。

4．如何撰写一份逻辑清晰、内容翔实的评估报告？并确保报告的可读性和实用性？

5．会如何更好地定义和衡量会展目标，使其更加具体与可衡量？

## 展技实操

### 展会专业观众满意度调查

**➢ 实训目标**

通过本次实训，使学生能够根据目标合理选择评估指标，构建评估指标体系。掌握设计要点并能结合实际制定评估方案。熟悉评估流程，能够开展有效的评估调查实践。掌握一定的数据处理与分析方法，撰写评估报告，总结评估结果并分析原因，提出可行的建议措施。

**➢ 实训内容与步骤**

一、评估指标选择

1．实训任务：结合真实的展会活动，针对专业观众满意度，构建问卷指标体系。

2．实训步骤：

市场调研：熟悉并调研所在地区的某一展会项目，收集相关信息，了解专业观众构成情况。

现场考察：对会展活动进行实地考察，了解现场环境、参展商构成情况、活动的内容安排等。

内容分析：对专业观众体验到的展会相关情况进行分析，全面了解专业观众可能接触到的服务流程、展品展示、互动体验、现场管理等各个环节。

构建指标：根据内容分析结果，设计能反映专业观众满意度的问卷指标。

二、设计评估方案

1．实训任务：针对专业观众满意度调查设计评估方案，确保评估过程科学、系统、有效。

2．实训步骤：

时间安排：确定评估的时间表，包括调研准备、现场考察、问卷发放与回收、数据整理与分析以及报告撰写的具体时间点。整体安排包括适当的预留缓冲时间。

抽样策略：制定合理的抽样方法，确保样本具有代表性，可以随机抽样、分层抽样或整群抽样。

人员安排：明确评估团队的分工，包括调研人员、现场考察人员、数据收集人员、数据分析人员及报告撰写人员。

经费预算：编制评估活动所需的经费预算，包括问卷印刷（可电子问卷）、交通、餐饮、数据分析软件、小礼品等各项费用。

问题预防与解决机制：制定预案，处理评估过程中可能出现的问题，如问卷丢失、数据错误、受访者拒绝参与等，并确保有相应的解决措施。

三、问卷调查

1．实训任务：针对专业观众满意度进行问卷调查，确保调查过程顺利进行，获取真实有效的反馈信息。

2．实训步骤：

问卷设计：根据设计的评估工具，制作具体的问卷内容，确保问题清晰、合理。

培训调查员：对负责问卷发放与回收的调查员进行培训，确保他们了解调查的目的、方法和注意事项。

现场发放：在展会期间，按计划在现场发放问卷，确保问卷的覆盖面和有效性。

回收问卷：及时回收问卷，检查问卷的完整性，确保数据的质量。

数据整理：将回收的问卷数据录入计算机或将电子问卷导入计算机，进行数据清洗和初步整理。

数据分析：运用统计分析方法处理和分析数据，并得出初步结论。

四、撰写评估报告

1．实训任务：根据问卷调查的结果，撰写评估报告。

2. 实训步骤：

整理分析结果：汇总数据分析的结果，提炼关键发现。

撰写报告大纲：制定评估报告的大纲，确保报告结构清晰、逻辑性强。

撰写报告内容：根据大纲撰写评估报告，说明背景和目的，详细介绍评估过程，总结专业观众满意度的评估结果，指出优点与不足之处。深入分析评估结果背后的原因，找出影响专业观众满意度的关键因素。基于分析结果，给出明确的结论，并提出具体可行的改进建议，为未来的会展策划与组织提供参考。

校对与修订：仔细校对报告，确保内容准确无误，并进行必要的修订。

➢ **实训要求**

学生需组建团队，围绕问卷设计、实施方案设计、开展问卷调查，撰写报告等几个任务进行系统分工，明确每个成员的责任和任务，体现创意思维，充分发挥团队协作的优势。

实训结束后，提交一份专业观众满意度问卷、评估实施方案、评估报告以及一份完整的实训报告，并开展实训过程和成果汇报。

➢ **实训评价**

教师根据各文本质量以及汇报效果进行综合评价。

调查问卷系统性和有效性：评估问卷全面覆盖专业观众满意度的关键要素程度，真实反映专业观众的满意度的程度，设计问题的逻辑性和连贯性。

实施方案全面性和可行性：评估实施方案涵盖各个环节，具有操作指导意义。

评估报告逻辑性和实用性：评估报告内容有条理，逻辑清晰，能够准确传达评估结果，提出的建议具有可操作性，有参考价值。

实训报告质量：实训报告具有完整性、条理性以及表达清晰。

现场表现：评估实训小组在成果展示过程中的汇报表现。

创新能力与团队协作：团队成员具有创新思维设计或撰写各类文本，小组成员之间具有个人贡献度、具备沟通协调能力和合作精神。

实训成绩将计入课程总评，反映学生在会展策划领域的综合能力。

## 本章习题

### 一、判断题

1. 会展活动结束后，不需要对已完成的工作进行全面回顾与总结。

（　　）

2. 会展评估的目的在于衡量会展活动的效率与效果。鉴于会展活动涉及多个层面的工作内容及其成果，这使得评估的目标变得多元化和复杂化。（　　）

3. 成交成果直接反映了展会的商业价值和成功程度。（　　）

4. 展会评估时只需要关注参展商满意度，不需要关注专业观众满意度。（　　）

5. 媒体曝光率也可以作为展会项目评估指标。（　　）

## 二、多选题

1. 评估展览规模是衡量展会效果的关键因素之一，主要现为各种展览面积的统计，包括：（　　）

A. 展览总面积　　B. 已租赁的展览面积

C. 室内外面积　　D. 净展览面积等

2. 展览项目评估指标包括：（　　）

A. 展会规模　　B. 参展商状况

C. 专业观众状况　　D. 成交结果

3. 对专业观众的评估，可包括：（　　）

A. 专业观众的数量　　B. 专业观众的质量

C. 观众活动情况　　D. 专业观众满意度

4. 下列有关选择合理的评估标准说法正确的是：（　　）

A. 评估标准的选择应当与会展的目标紧密相关

B. 评估标准应当从多个维度进行设置

C. 评估标准应结合定量分析与定性评价，以获得更全面的评估结果

D. 所选标准应当便于收集数据，且数据收集方式应易于实施

5. 会展评估步骤应包括：（　　）

A. 明确会展评估的目的

B. 选择合理的评估标准

C. 设计与实施评估方案

D. 撰写评估报告

习题答案

# 参考文献


[1] 范伟达，张宇客 . 市场调查教程 [M]. 上海 : 复旦大学出版社，2021.

[2] 华谦生 . 会展策划 [M]. 杭州 : 浙江大学出版社，2022.

[3] 张翠娟，尹丽琴 . 会展策划实务 [M]. 北京 : 清华大学出版社，2021.

[4] 魏仁兴，肖龙 . 会展项目管理 [M]. 北京 : 中国商务出版社，2024.

[5] 舒波，冯麟茜 . 会展策划与管理 [M]. 北京 : 清华大学出版社，2021.

[6] 许传宏 . 会展策划 [M]. 上海 : 复旦大学出版社，2021.

[7] 马骐，仲欣 . 会展策划与管理 [M]. 北京：清华大学出版社，2018.

[8] 刘松萍，李晓莉，钟文 . 会展营销与策划 [M]. 北京：首都经济贸易大学出版社， 2024.

[9] 张捷雷 . 会展策划实务 [M]. 南京：东南大学出版社，2022.

[10] 魏晓颖，杨慧敏，马丽敏 . 会展策划与实务 [M]. 北京：北京师范大学出版社， 2021.

[11] 张凡 . 会展策划 [M]. 武汉：华中科技大学出版社，2019.